mami za božič 2015

lubčka Katharina ♡

Widmung

Kater Maxi, meinem Vorbild
in Sachen Lebensfreude und Hingabe
an den Augenblick!

südwest

MICHAEL BAUER

POWER FÜR DIE SEELE

Das persönliche Buch für mehr innere Kraft und Gelassenheit

myBooks herausgegeben von Marion Grillparzer

Inhalt

1.

Inhalt

3.

Seelenkraftwerke

Tipps

Tuns

Darf ich vorstellen?

... Das ist Michael Bauer

Das erste Mal traf ich auf Michael Bauer in einem Buch: *Die Seele läuft mit.* Ich traf auf jahrtausendreife Worte. Feinfühlig. Liebevoll. Wissend. Nah am Menschen. Im Menschen. In seiner Seele. Worte, die Ruhe vermitteln, herzenstief treffen, zum Denken anregen – und dann noch zum Bewegen motivieren, zum Meditieren bringen. Das hat mich so fasziniert, dass ich ihn um ein Interview bat – und einen wundervollen spirituellen Menschen entdeckte. Michael Bauer sieht mit dem Herzen – und hat die Begabung, das in Worte zu fassen. Die auch genau dorthin treffen.

Der Mönch ohne Grenzen

Wie kommt es, dass er mit dem Herzen sehen kann? Weil er ein Suchender ist und auf seiner Suche keine Grenzen kennt. Auf seinem Lebens-Weg pflegte er alte Menschen und alte Kranke, leistete Sterbehilfe, streifte das Kloster, wurde Benediktinermönch. Doch sein spiritueller Drang ließ ihn nicht einfach hinter den dicken Klostermauern verweilen, er suchte seine Weisheits-Bausteine auch in den Lehren der tibetischen Mönche. Außerdem ist Michael Bauer Läufer. Von Herzen gerne ist er das. Und entwickelte so aus den spirituellen Prinzipien des westlichen Ordens und aus östlichen Meditationslehren eine neue Laufform – das Meditative Laufen. Wer meditativ läuft, tut nicht nur etwas für die körperliche Fitness, sondern findet auch zu seiner Mitte, weckt den inneren Doktor und erntet Harmonie. Wie das geht, lesen Sie im zweiten Kapitel dieses Buches.

Im ersten Kapitel machen auch Sie sich ein wenig auf die Suche. Tanken Seite für Seite Power für die Seele. Stellen sich Fragen wie:

Welche ist meine Bestimmung in dieser Welt? Wie komme ich geistig-seelisch fastend viel leichter durchs Leben? Was lehrt uns unser Feind? Warum müssen wir uns vor dem Tod nicht fürchten? Wohin bringt uns Dankbarkeit?
Lesen Sie, wie uns Stille stärkt, wo Kraftplätze warten, mit welchen Worten wir unsere Seele umgeben sollten, um Power zu tanken. Und mit welcher Musik, welchen Menschen, welchen Bildern. Lernen Sie „Ja" zu sagen, „Nein" zu sagen, zuzuhören, sich mitzufreuen.

Und das Wunderbare an diesem Buch: Es kommt nicht mit dem erhobenen Zeigefinger. Es kommt mit Humor. Es ist nicht dröge-klug, sondern witzig-weise. Bügelnd geht es zur Erleuchtung. Wir verbringen Zeit mit einem „Hauch von Nix". Führen Idioten-Listen der Versöhnung. Kommen Sie einfach mit. Michael Bauer schenkt Ihnen mit diesem Buch Seelenkraftwerke – fürs Leben.

Ihre Marion Grillparzer

Man sieht nur mit dem Herzen gut, das Wesentliche ist für die Augen unsichtbar.

Antoine de Saint-Exupéry

Wer rät denn da?

Eine kleine Geschichte über den Menschen, der dieses Buch schreibt

Als ich meinen ersten Atemzug machte, war ein neues Jahrzehnt gerade mal einen Tag älter als ich selbst. Die Siebziger. Die Adresse, der mich das Schicksal zuteilte, lag in Kärnten. Dort machte ich meine ersten Schritte in Richtung Leben. Geprägt vom Geist der Siebziger. Barfuß, lachend und in Glockenhosen inhalierte ich als Milchzahnlücken-Hippie das frische Grün meines Daseins. Naturverbunden. Inmitten einer ländlichen Idylle. Auf einem kleinen Bauernhof. In jener Zeit wäre mein Lebensfaden fast durchtrennt worden. Durch einen Unfall. Aber offensichtlich hatte und habe ich noch ein Guthaben auf meinem Lebenszeitkonto. Dieses Erlebnis hat mich unbewusst geprägt. Ich betrachte Leben nicht als etwas Selbstverständliches. Es ist vielmehr ein Geschenk. Als der erste Flaum auf meiner Oberlippe zu sprießen begann – Mitte der Achtziger –, machte ich eine kaufmännische Lehre. Danach und während meines Militärdiensts traten verschiedene Fragen an mich heran: „Wo möchtest du hin in deinem Leben?" „Wer bist du, und was ist dein Ding?" Wissbegierig bin ich. Deshalb drückte ich freiwillig noch einmal die Schulbank und machte meine Matura (Abitur) nach. Nebenbei arbeitete ich in der Alten- und Krankenpflege. Auch Sterbenden durfte ich bei ihrem Abschiednehmen beistehen. Durch diese Tätigkeiten machte ich intensive Erfahrungen mit den Grenzsituationen unserer menschlichen Existenz. Da ich diesen Fragen noch mehr nachspüren wollte und schon immer einen „Ruf" verspürt hatte, ging ich ins Kloster und wurde Mönch. Benediktinermönch. Ein Weg der Selbsterfahrung und der Suche nach der Ruhe des Herzens begann. Mit den Vehikeln der Me-

ditation, der Stille, des Betens, des Studiums, der Arbeit. Im Lauf meiner Klosterjahre habe ich dann selbst Meditationskurse und Einkehrtage angeboten. Auch suchte ich Kontakt zu Mönchen anderer Kulturen. Um meinen spirituellen Horizont zu erweitern. Besonders interessant war dabei die Begegnung mit Mönchen aus Tibet. Ich machte mir auch Gedanken über zeitgemäße Formen der Meditation. Als Hobby-Läufer erschien es mir naheliegend, dass ich das Laufen als Meditationsgrundlage heranziehen könnte. Gesagt und getan. Dabei stellte ich die Freude an der Bewegung in den Vordergrund. Nicht den Leistungswahn, der mittlerweile überall Einzug hält. Laufen mit und für Seele und Körper. Den eigenen Instinkten vertrauend und nicht nach dem Diktat einer Pulsuhr. Die Methode stelle ich Ihnen auch in diesem Buch vor. Nach gut neun Jahren habe ich dann meine Mönchskutte freiwillig wieder ausgezogen und bin wieder in die Welt gezogen. Ich lebe derzeit in der Stadt und arbeite unter anderem in der Krankenseelsorge. Quasi als „Mönch" mitten in der Welt.

Herzlichst
Ihr Michael Bauer

Alltags-Meditationen

1.

Meditation im Alltag: einen tiefen Blick in die eigene Seele werfen, sich selbst „auf den Grund gehen". Mutig zu diesem Selbst stehen, seltener Ja sagen, klare Grenzen ziehen, sich und andere annehmen lernen. Sich in Achtsamkeit, Mit-Gefühl, Zu-Hören üben, versöhnlich werden. Freudiges Staunen und Ernte-Dankbarkeit über die Buntheit des Lebens empfinden.

Warum gibt es uns eigentlich?

Diese Frage eines vierjährigen Kindes – vor einigen Jahren gestellt – stelle ich mir auch heute noch sehr oft. Warum gibt es Sie? Mich? Die anderen Menschen? Worin liegt der Sinn dafür? Hat sich uns irgendwer ausgedacht oder hat der Zufall einfach blind drauflos gewürfelt? Sind wir Menschen eine gute Idee? Da gibt es doch augenscheinlich viele Defekte, die dagegensprechen. Das denke ich mir vor allem, wenn ich mir Nachrichten ansehe. Da sieht man, wie Menschen miteinander umgehen. Das schockiert, macht traurig und steigert meinen Pessimismus, was uns Menschen anlangt. Da geht es

um Krieg, Gewalt, Raub, Mord, Ausbeutung von Menschen, um Betrug … In weiten Teilen der Welt leiden Menschen Hunger, weil andere nicht genug bekommen können. Geiz ist ja angeblich geil. Da kann man schon mal den Glauben an die Menschheit verlieren. Den Glauben an das sogenannte Gute im Menschen sowieso. Wir Menschen sollen die Krone der Schöpfung sein? Wir setzen höchstens vielem erst die Krone auf. Vor allem mit unserem Heimatplaneten gehen wir nicht gerade zimperlich um. Wir trampeln auf ihm herum und beuten ihn aus. Vergeuden wertvolle Ressourcen und denken nicht an die Bedürfnisse künftiger Generationen. Die fortschreitende Umweltverschmutzung bringt uns jetzt schon im wahrsten Sinn des Wortes ins Schwitzen: Stichwort „Klimawandel". Die Erde stöhnt, doch keiner will es hören. Dazu fällt mir ein nachdenklich stimmender Witz ein: Trifft eine andere Erde unsere Erde und sagt zu ihr: „Meine Güte, du bist ja ganz blass! Schlecht schaust du aus! Was ist los mit dir?" Antwortet unsere Erde: „Ja, mir geht's gar nicht gut, ich leide an *homo sapiens.*"
Wir Menschen als Krankheit für unseren Planeten? Eine kühne Behauptung – oder ist doch mehr dran? Was meinen Sie dazu? Würden Sie als Erde Ihren menschlichen Bewohnern vorbehaltlos trauen? Dass sie Ihr Wohlergehen stets im Auge haben? Wäre die Erde da nicht ohne uns besser dran? Stellen Sie sich vor, die Erde könnte sich einmal hundert Jahre oder mehr Urlaub von uns Menschen nehmen. Sie würde gut erholt, mit neuer Kraft und in vielen Bereichen gesund aus dem Urlaub zurück-

kommen. Was spricht also groß dafür, dass es uns Menschen gibt? Um das herauszufinden, beginne ich zu hören. Zum Beispiel ein schönes Stück Musik von einem Menschen gemacht. Einem Mozart. Nur etwas Schönes kann so viele schöne Klänge hervorbringen. Ein schöner Geist, eine schöne Seele. Ich gehe ins Kunsthistorische Museum und sehe die gemalten Manifestationen sich nach Harmonie sehnender Menschen. Dann höre ich von Menschen – wie einer Mutter Teresa –, die voller Liebe und helfend sich um die kümmern, die keiner in seiner Nähe haben will, und die den meisten egal sind. Dann sehe ich Nachrichten, die davon berichten, wie sich Menschen nach einer Hochwasserkatastrophe zusammentun und einander gegenseitig helfen. Oder von wissenschaftlichen Errungenschaften, die Krankheiten heilen können. Dann sieht man Menschen, die sich für unterdrückte Menschen einsetzen, die selbst keine Stimme in der Gesellschaft haben. Wieder andere Menschen setzen sich für die Umwelt und hilflose Tiere ein, damit diese auch eine schöne Zukunft haben. Das schafft Zuversicht und lässt mich wieder an das Gute im Menschen glauben. Dann sage ich mir: „Schön, dass es uns Menschen gibt!" Aber vielleicht braucht es all diese Überlegungen gar nicht. Möglicherweise gibt es uns Menschen auch „nur" deshalb, damit wir uns über das Leben freuen können. Damit jemand da ist, der staunt über all das, was es gibt und darüber, dass es überhaupt etwas gibt. Dass es uns gibt, so wie wir nun mal sind. Dass jemand da ist, der sich erfreut am Sonnenaufgang am Morgen, am Gesang der Vögel, am Bunt der Blumen, am Plätschern des Regens, am Duft des Waldes. Vielleicht sind wir „nur" dazu auf der Welt, um einem anderen einen schönen Augenblick zu schenken. Wäre das nicht Sinn genug, dass es uns gibt? Was meinen Sie: Was ist Ihr ganz persönlicher Sinn, Ihre Bestimmung in dieser Welt? Warum gibt es Sie? Genauso wie Sie sind?

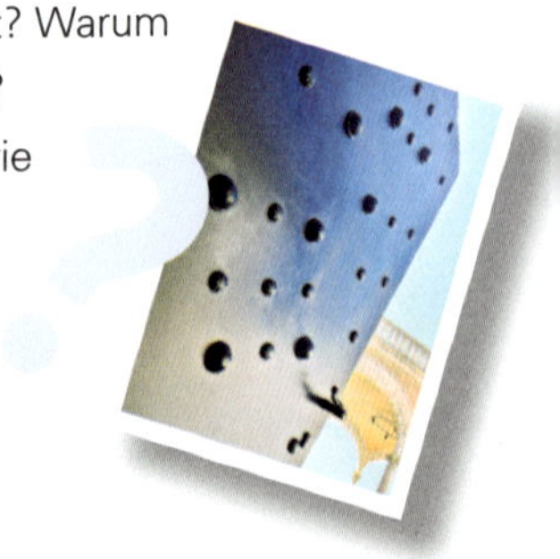

Meine Bestimmung in dieser Welt

Seelen Kraftwerk

Ein bisschen darüber nachdenken – und aufschreiben:

Fasten – mehr als ängstliches Kalorienzählen

Jetzt, wo ich dieses Kapitel schreibe, ist vorösterliche Fastenzeit. Das passt. Nur: Man muss kein religiöser Zeitgenosse oder ein asketischer Mönch hinter dicken Klostermauern sein, um sich dem Fasten zu widmen. Fasten ist mittlerweile so beliebt, dass es die meisten Menschen ganzjährig tun. Es gibt sogar eine beachtliche Zahl von Menschen, die sich beruflich mit dem Fasten beschäftigen und Fastenhungrige beraten und begleiten. Jedes Jahr erscheinen Berge von Büchern über das Fasten. Fernsehen, Internet, Illustrierte greifen regelmäßig das Fasten als beliebtes Thema auf. Nun, was ist dieses Fasten, von dem hier die Rede ist? Woran denken Sie persönlich, wenn Sie an „Fasten" denken? An das Abnehmen? An das Gewicht-Verlieren? An das Schönsein? An das Schlanksein? An das Fitsein? An penibles Kalorienzählen? Fasten ist gleich Diät-Machen. So wird es verstanden und ausgeübt. Doch kann Fasten nicht mehr sein? Stecken vielleicht nicht andere Ziele dahinter als bloße Gewichtsreduktion? Was meinen Sie? Warum fasten Sie oder würden Sie fasten? Fasten wird vorwiegend körperlich gesehen und praktiziert. Doch heißt es nicht, der Mensch sei Körper, Geist und Seele? Über das körperliche Fasten wird enorm viel gesagt, darum wende ich mich dem Geistig-Seelischen Fasten (GSF) zu. Beim Fasten geht es darum, auf Unnötiges zu verzichten, um sich auf das Wesentliche im eigenen Leben konzentrieren zu können. Auf all das, was Sinn, Hoffnung und Zufriedenheit schenkt und uns zu einem wohltuenderen Miteinander animiert. GSF motiviert uns, den inneren Ballast abzuwerfen, der uns das Leben schwer macht, ja uns oft zu erdrücken droht. Verzichten Sie darauf, Negatives in Ihre Umgebung auszusenden. Verzichten Sie darauf, schlecht über andere zu reden. Meist hinter den Rücken der Betroffenen. Schauen Sie einmal auf das Gute und reden Sie darüber. Wer mit seinem Finger auf andere zeigt, auf den zeigen drei Finger zurück. Gleich praktisch ausprobieren. Strecken Sie Ihren Zeigefinger aus! Wie oft am Tag zeigen Sie damit auf andere Menschen? Verzichten Sie einmal auf Schadenfreude. Verzichten Sie einmal auf Rachegefühle. Verzichten Sie auf Gier, Neid und Eifersucht. Schenken Sie stattdessen Hoffnung, Freude und schöne Augenblicke. Geizen Sie nicht damit. Verzichten Sie darauf, heißzulaufen, wenn es mal nicht nach Ihrem Kopf geht. Verzichten Sie auf Zorn und Wutausbrüche. Verzichten Sie auf Hass, denn der macht bekanntlich hässlich.

Entscheiden Sie sich für innere Schönheit. GSF unterstützt Sie dabei. Es macht Ihr Herz weit und Ihre Seele schön. Verzichten Sie auf die Betäubung des Geistes und fasten Sie mal bei TV und Internet. Verzichten Sie auf Castingshows und Seifenopern und lesen Sie lieber ein gutes Buch, gehen Sie ins Theater oder schenken Sie die gewonnene Zeit lieben Menschen – ja, auch der Schwiegermutter!

GSF (Geistig-Seelisches Fasten)

Seelen Kraftwerk

Worauf kann ich persönlich verzichten? Damit mein Leben leichter wird:

Liebe deine Feinde!

Dieser Bibelspruch aus dem Lukas-Evangelium (6, 27) ist wohl jedem geläufig, ob bibelfest oder nicht. Feindesliebe – ein enormer Anspruch. Eine Lebensaufgabe. Eine Unmöglichkeit? Und warum sollte ich meine Feinde gernhaben? Sie müssen nicht, aber Sie können es mal probieren. Sie sind doch offen für Neues, oder? Und Sie bekommen dafür auch ein schönes Geschenk. Eben, ein Geschenk – das klingt doch schon besser. Was ist ein Feind? Kurz innehalten und nachdenken! Das können Menschen sein, die uns und die wir nicht ausstehen können, oft sogar hassen. Kennen Sie so jemanden? Wenn nein, dann sagen Sie mir, wo Sie leben, und ich ziehe sofort dorthin. Unsere Feinde können auch schwierige Lebensumstände sein: Alltagssorgen, Zukunftsängste, Existenzängste, Einsamkeit. Welche Lebensfeinde stellen sich Ihnen in den Weg und verstellen Ihnen die Sicht auf Lebensfreude? Was steht alles auf Ihrer Liste? Ein Feind fehlt noch – Sie selbst! Schreiben Sie Ihren Namen mit drauf. Sie können sich selbst zum größten Feind werden und somit Ihrem eigenen Glück die Zufahrt verstellen. Der Ausweg: die Liebe, die Feindesliebe. Jetzt bekommt das Wort gleich einen anderen Anstrich. Experimentieren Sie mit der Liebe zu Ihren Feinden. Schritt für Schritt. Ohne Anspruch auf Perfektion! Sehen Sie Ihre Feinde als Meister, die Ihnen wertvolle Unterweisungen in Sachen „persönliche Reife" erteilen. Ein Ihnen ungut gesinnter Mensch kann Ihnen dabei helfen, Selbstbeherrschung oder die Fähigkeit der Vergebung zu erlangen. Rachsucht und Groll ade, Herzensweite und Fröhlichkeit tretet ein! Ängste und Sorgen können einen an den Abgrund treiben, und man überlegt, einen Schritt weiterzugehen. Aber diese dunklen Stunden befähigen Sie erst, die hellen Seiten des Lebens intensiv und dankbar wahrzunehmen. Dann, wenn wieder bessere Tage kommen – und sie kommen, ganz sicher! Sie werden als Mensch mitfühlender und erliegen nicht der Gefahr, alles Gute im Leben als Selbstverständlichkeit anzusehen. Ihr Leben bekommt Tiefe.

Wir selbst sind uns dann Feind, wenn wir die Feindesliebe nicht versuchen. Sobald man seine Feinde annimmt und von ihnen lernt, kann man in seiner persönlichen Entwicklung weitergehen. Ansonsten sitzt man ewig im Karussell des Leidens. Wollen Sie das? Wenn nein, dann auf zum Üben der Feindesliebe, der Alltag hält genügend Gelegenheiten bereit.

Mein größter Feind

Seelen Kraftwerk

... und was ich von ihm lernen könnte:

....

....

....

....

....

....

....

....

....

....

....

....

....

....

....

....

....

....

....

....

....

Mein bester Kumpel: der Tod

Wenn mich Sorgen plagen, ich ins Grübeln abgleite oder vor etwas Angst habe, dann verabrede ich mich hin und wieder mit meinem guten Kumpel. Wir treffen uns immer am selben Ort. Es ist ein sehr ruhiges Plätzchen. Dort bekomme ich wieder neuen Lebensschwung. Sie waren sicher auch schon oft dort. Früher oder später bleiben wir auch dort. Mein guter Kumpel, der Tod, und ich treffen uns am Friedhof. Quasi bei ihm zu Hause. Was am Friedhof? Das soll ein Ort sein, wo es mir danach besser geht? So ist es! Keine Bange, ich bin kein makabrer Typ mit einer unstillbaren Todessehnsucht. Ich lebe sehr gerne, und gerade deshalb mach' ich das. Ich gehe auf den Friedhof, um meine Lebenszeit als etwas sehr Wertvolles zu erleben und um mein Leben wieder intensiver zu spüren. Unser künftiger Tod ist eine unausweichliche Tatsache, keiner von uns kann den Tod aussperren. Keiner kann einen Stellvertreter ernennen, der für uns mal kurz stirbt, weil wir keine Zeit oder keine Lust dazu haben. Niemand kann den „Boandlkramer“ (bayerisch für den Tod, aus Boan(d)l = Gebeine und Kramer = Krämer, Händler) wie der Brandner Kaspar mit einem listigen Kartenspiel übers Ohr hauen. Da hilft auch der Kirschgeist nix. Höchstens beim Verdrängen. Wir verdrängen unseren Tod, ganz so, als würde er uns nicht betreffen. Der Tod ist für viele eine Tabuzone. Dabei ist der Tod unser bester Kumpel, er ist der beste Motivationstrainer in Sachen Leben und Lebendigkeit, den man sich vorstellen kann. Die Tatsache, dass wir bei unserer Geburt nur eine begrenzte Zeit auf unserem schönen Planeten mitbekommen, macht unser Leben so kostbar. Es ist unwiederbringlich. Es ist einzigartig. Es ist. Wir wissen zwar, wie viele Lebensaugenblicke wir schon erleben durften, aber wir wissen nicht, wie viele noch kommen werden. Das macht das Leben auch so wahnsinnig spannend.

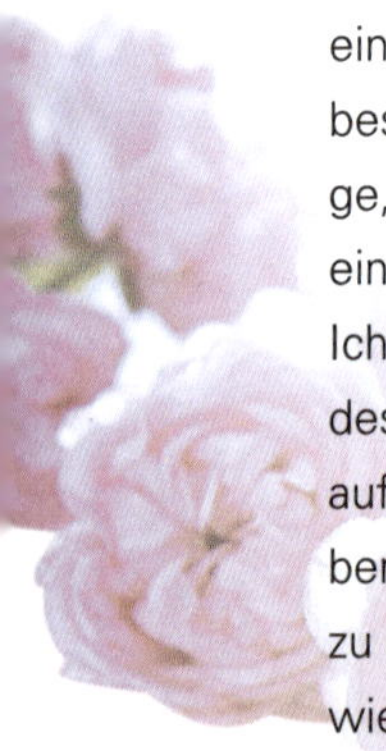

Und es macht Mut, sein Leben zu gestalten. Gleich jetzt. Vor allem, wenn Sie zu den Lebensverschiebern gehören, die alles, was sie noch vorhaben, auf später verschieben. „Aber dann geht's los …" Nach der Berufsausbildung, nach dem Abitur, nach dem Studium. Aber spätestens im Ruhestand, da wird man leben und genießen. Doch woher nehmen Sie die Gewissheit, dass es so weit kommt? Schon morgen kann Ihr letzter Tag sein. Deshalb sollten Sie gleich in diesem Augenblick beginnen, Ihre Lebensentwürfe real werden zu lassen, an Ihren Zielen zu arbeiten und manches Neue zu wagen. Nichts auf die lange Bank schieben. Kumpel Tod animiert und gibt uns den nötigen Kick für die Umsetzung unserer Vorhaben. Er führt uns immer wieder unsere Vergänglichkeit vor Augen. Verleihen Sie Ihrem Leben mehr Wertschätzung, indem Sie ein Mal täglich kurz an Ihren Tod denken. Sie werden dadurch garantiert nicht ängstlicher, traurig oder gar depressiv. Im Gegenteil! Sie werden es sehen. Testen! Apple-Gründer Steven Jobs hat am Ende seines Lebens einen schönen Satz geprägt: „Der Tod ist die beste Erfindung des Lebens." Für mich ist er ein sehr guter Freund geworden. Er animiert mich täglich dazu, mutiger zu sein, ein Leben vor dem Tod zu führen. Er ermutigt mich dazu, mir mein Leben zu nehmen, nämlich jenes, das ich mir wünsche und das mir aufgegeben ist. Und diese Ermutigung habe ich auch immer wieder nötig! Und Sie?

Tipp

Akuthilfe bei sorgenvollem Grübeln

… und dem Gefühl, dass ohne einen so gar nichts läuft: ein sofortiger Friedhofs-Rundgang! Dabei könnten Sie eventuell Ihren verstorbenen Verwandten einen Besuch abstatten oder vereinsamten Gräbern eine Kerze spendieren.

Seelen Kraftwerk

Sterbebett-Meditation

Legen Sie sich auf Ihr Bett oder auf den Boden oder auf die Wiese und stellen Sie sich vor, jetzt wäre Ihre Sterbestunde.

Wie hätten Sie Ihr bisheriges Leben anders gelebt?

Was hätten Sie anders gemacht?

Wem hätten Sie noch gerne etwas sagen wollen?

Wo wären Sie noch gerne gewesen?

Mit wem hätten Sie sich noch versöhnen, aussprechen wollen?

Was hätten Sie gerne noch gesehen?

Was hätten Sie gerne noch erlebt?

Haben Sie Glück empfunden?

Haben Sie zum Glück anderer beigetragen?

Haben Sie wirklich geliebt? Genug und ehrlich geliebt?

Sie leben ja noch. Stehen Sie also auf und beginnen Sie sogleich mit der Umsetzung Ihrer Vorhaben!

Jun

Meine aktuelle Das-will-ich-ändern-Liste

Dankbarkeit statt Stolz

Gestern habe ich ein Interview mit einem bekannten Ski-Rennläufer gesehen. Er hatte gerade ein sehr wichtiges Rennen gewonnen. Dabei ist mir aufgefallen, wie oft er im Zusammenhang mit seiner zweifellos großartigen Leistung den Begriff „Stolz" in den Mund genommen hat. Aber wer von uns kennt das nicht? Wir alle sind auf etwas stolz. Stolz, einen guten Beruf auszuüben, stolz, eine gute Ausbildung zu haben, stolz, eine gute Ehe zu führen, stolz, in einem schönen Land zu leben, stolz, tüchtige Kinder zu haben, stolz, in einem schönen Haus zu leben, stolz, gute Freunde zu haben. Stolz auf die eigene Herkunft und Kultur. Hören und sehen Sie auch öfter mal bewusst hin, wo überall Ihnen das Stolz-Sein auf etwas begegnet. In den Medien, ganz besonders oft in Reden von Politikern, in alltäglichen Gesprächen und Äußerungen Ihrer Freunde und Bekannten. Auf was sind Sie stolz in Ihrem Leben? Halten Sie inne und überlegen Sie mal! Wenn Sie wirklich innehalten, nach innen gehen, dann werden Sie möglicherweise eine interessante Entdeckung machen: Sie werden feststellen, dass sich alles, worauf Sie und ich, wir alle, so stolz sind, in Wirklichkeit zu einer anderen Haltung hingezogen fühlt – zur Dankbarkeit. Dankbarkeit ist in einer Gesellschaft des Überflusses und der Machbarkeit immer seltener anzutreffen. Alles, was einem an Gutem widerfährt, wird als Selbstverständlichkeit hingenommen. Da bleibt kein Platz für Dankbarkeit. Der stolze Mensch mit seiner aufgeblähten Brust verliert die Bodenhaftung, wird ein Abgehobener und sieht auf seine Mitmenschen herab. Die Dankbarkeit erdet uns wieder. Sie ändert unseren Blick auf die Welt, offenbart uns das Gute und Schöne im Leben als Geschenk und nicht als Selbstverständlichkeit. Selbst jene Errungenschaften, die man der eigenen Kraft und Ausdauer zurechnet, sind im Grunde ihres Wesens Geschenke. Denn es ist ja auch ein Geschenk, dass Sie die Energie für dieses und jenes Ziel aufbringen. Unser Ski-Rennläufer hätte dann vermutlich gesagt, er sei dankbar, dass er sportliches Talent in die Wiege gelegt bekommen habe, dass ihn seine Eltern gefördert hätten, dass er gute Trainer gefunden habe, dass er dankbar sei, dass er einen gesunden Körper und eine starke mentale Kraft habe, um Spitzenleistungen zu erbringen. Dass er dankbar sei, in Friedenszeiten und in einem wohlhabenden Land zu leben, wo man für Spitzensport Geld erübrigen kann. Wäre eine solche Haltung nicht wohltuend anders? Oder geht es mit dem Stolz gar weiter bergauf? Wird er immer maßloser? Hört man am Ende in einem Interview: „Ich bin stolz, dass heute die Sonne scheint“? Aber Sie und ich können uns für die Dankbarkeit starkmachen, indem wir öfters danke sagen. Die Welt würde ein wenig heller und freundlicher, wenn es weniger Stolz und mehr Dankbarkeit gäbe. Suchen Sie täglich nach mindestens einer Tatsache, für die Sie dankbar sind.

Wofür kann ich dankbar sein?

Seelen Kraftwerk

Für welche Menschen in meinem Leben kann ich dankbar sein? Und habe ich es ihnen schon einmal gesagt, wieder einmal gesagt?

Heute bin ich dankbar für:

Im Augenblick sein – Achtsamkeit

Wo sind Sie jetzt mit Ihren Gedanken? Sie beginnen jetzt dieses Kapitel zu lesen, aber werden Sie hundert Prozent dabeibleiben? Oder geht es Ihnen wie den allermeisten, die geistig hin und her zappen und selten im Augenblick leben? Dann gehören Sie auch zu den Menschen, die schon stehen, wenn sie sitzen, gehen, wenn sie stehen und schon wieder weg sind, bevor sie ankommen. „Immer einen Schritt voraus", nennt man das. Wird sogar als Stärke gedeutet. Aus Erfahrung sehe ich das anders. Ich nenne es „vorauseilendes Hinterherhinken". Nämlich hinter dem Leben herhinken. Aber es gibt auch ein wirkliches Hinterherhinken, wenn man nämlich mit seinen Gedanken ständig in der Vergangenheit lebt und Augenblicken hinterhertrauert, die schon vergangen und nicht mehr zu ändern sind. Die Vergangenheit ist abgeschlossen, die Zukunft ist noch nicht. Das, was bleibt, ist die Gegenwart. In dieser leben Sie jetzt. In diesem Augenblick. Gehen Sie auf Tuchfühlung mit diesem

Augenblick. Werden Sie dieser Augenblick. Wo sind Sie jetzt? Was sehen Sie? Ist es Tag oder Nacht? Was umgibt Sie? Erleben Sie den gegenwärtigen Augenblick. Huschen Sie nicht daran vorbei. Was hören Sie? Was riechen Sie? Tauchen Sie tief ein in diesen Augenblick. Achten Sie nur auf Ihr Da-Sein! Ihr Hier-Sein. Legen Sie anschließend Ihr Buch zur Seite und augenblicken Sie vor sich hin! Aus lauter solchen Augenblicken ist unser Leben geflochten. Um den Augenblick bewusst auszuschöpfen, braucht es die Achtsamkeit. Sie ist das, was Sie vorhin geübt haben. Die bewusste Konzentration auf Ihr Hier und Jetzt. Das können Sie weiter üben, den ganzen Tag lang, wo immer Sie sind und was immer Sie tun. Ihr ganzes Leben lang.

Ihr Alltag ist voller Möglichkeiten, achtsam zu werden. Man muss sich nicht jahrelang in eine einsame Meditationshöhle in Tibet zurückziehen, um ein achtsamer Mensch zu werden. Ein achtsamer Mensch ist einer, der mehr achtet: auf sich und auf andere.

Seelen Kraftwerk

Geschmacks-Meditation

Eine gute Übung für die Achtsamkeit im Augenblick ist das Essen. Täglich tun wir es mehrmals. Meist scharf gewürzt mit dem bitteren Gewürz „Zeitdruck“. Alles muss schnell gehen. Die nächste Mahlzeit garnieren Sie mal mit einer Portion „Achtsamkeit“. Verweilen Sie wieder im Augenblick und nehmen Sie wahr, wie Ihr Essen aussieht, wie es riecht, und dann kommt die Geschmacks-Meditation. Kauen Sie langsam, tauchen Sie ab in die Welt der unterschiedlichen Geschmacksnuancen Ihrer Speisen. Welche Geschmäcker filtern Sie heraus? Welche Gewürze offenbaren sich Ihrem Gaumen? Forschen Sie, erleben Sie, staunen Sie! Wenn Sie die Achtsamkeit zu Ihrer ständigen Wegbegleiterin machen, dann eröffnen sich Ihnen auch neue Geschmacksnuancen Ihres Daseins. Sie leben intensiver, bewusster, aufmerksamer und gehen mit geschärften Sinnen durch das Leben.

Schweigen – die Stille spricht zu uns

Reden ist Silber, Schweigen ist – nein, nicht Gold, sondern noch seltener zu finden als Gold. Vor allem in unserer Kommunikationsgesellschaft, wo man immer und überall erreichbar sein kann und sein will. Ob auf der Straße, beim Spaziergang, beim Laufen, im Auto – das Handy ist immer dabei. Selbst in das stille Örtchen hält es fröhlichen Einzug. Dort werden Sitzungen und große wie kleine Geschäfte nicht nur mehr im übertragenen Sinn gemacht. Allerorts wird telefoniert und jede noch so belanglose Kleinigkeit publik gemacht. Letztens im Supermarkt stand eine junge Frau vor dem Kühlregal bei den Joghurts, in einer Hand einen Becher desselben und in der anderen – richtig! – ein Handy: „Du, Liebling, ich muss dich was sehr Wichtiges fragen. Die haben da verschiedene Joghurts, eines mit null Prozent, eines mit einem Prozent und eines mit 3,6 Prozent Fett. Was magst du denn für eins? Hallo, hallo, hörst du mich, ich versteh' dich nicht, die Verbindung ist schlecht. Hallo, ich hab' gesagt, die haben verschiedene …" Ein Prozent, null Prozent Fett, auf jeden Fall 100 Prozent unpassend und störend – das Gespräch. Da geht man nichtsahnend einkaufen, und von einer Sekunde auf die andere steht man ungefragt mitten im Leben fremder Menschen. Quasi fernmündlich hineinadoptiert.

Es gibt viele laute Menschen. Mit „laut" meine ich nicht bloß die Lautstärke ihrer Äußerungen, sondern Zeitgenossen, die ständig reden müssen. Bei uns in Kärnten gibt es einen etwas bösen Spruch für Leute, die alles und jeden niederreden: „Wenn der/die mal stirbt, dann muss man das Mundwerk extra begraben". Alles, was „laute Menschen" erfahren oder wissen, müssen sie sofort wieder unters Volk bringen. Wie schätzen Sie sich ein? Sind Sie ein Lauter? Oder gehören Sie zu der seltenen Spezies, die auch mal schweigen und etwas für sich behalten kann? Es prasseln so viele Worte auf unsere strapazierten Ohren ein. Nicht nur unmittelbar gesprochene, sondern auch via TV, Radio und Internet. Wir leben inmitten eines verbalen Smogs. Weit und breit keine Schutzorganisation, wie etwa „Earpeace". Aber es gibt einen heilsamen Gegenpol zum Lärm unserer Tage. Das Schweigen. Vielerorts verdrängt oder gar schon ausgestorben. Vielleicht gibt es all den übermäßigen Lärm nur deshalb, um das Schweigen zum Schweigen zu bringen? Muss man vor dem Schweigen Angst haben? Muss man nicht, aber die meisten haben Angst. Warum könnte das sein? Das Schweigen kommt immer gemeinsam mit seiner Schwester, der Stille. Schweigen und Stille – für die meisten ein unheimliches Pärchen. In einem Thriller wird die größte Spannung mit der Stille aufgebaut. Denken Sie an Alfred Hitchcock! Die Stille kann sehr laut werden, nämlich dann, wenn sie beginnt, unangenehme Fragen zu stellen. Über uns, unser Sein, unser Tun. Fragen, die unser Leben hinterfragen, tauchen auf. Bist du der, der du sein könntest? Setzt du deine guten Talente um? Nein? Warum tust du es nicht? Bist du glücklich? Machst du andere glücklich? Wohin geht deine Reise? Die Stille könnte auch sagen: „Steh auf, ändere dein Leben, lass Gewohntes hinter dir!" Das kann schmerzhaft sein, und deshalb schalten wir auch viel lieber den Fernseher ein. Oder sind Sie mutig genug, das Schweigen und die Stille in Ihr Leben treten zu lassen?

Tun

Stille Mahlzeiten

Das Schweigen können Sie auch beim vorhin erwähnten achtsamen Essen einfließen lassen. Schweigendes Essen mit Freund(en) oder Familie. Eine ganz neue Erfahrung! Kann man auch mal blind machen.

9

Kraftplätze

Es gibt Plätze, da fühlt man sich sofort wohl. Man atmet tiefer, die Alltagssorgen schwinden, man fühlt sich gestärkt, verwurzelt, getragen. Einer meiner Kraftplätze ist der Wald. Egal zu welcher Jahreszeit – ich muss ihn regelmäßig besuchen, sonst fehlt mir etwas. Ein anderer Ort ist ein ausgewiesener antiker „Kraftplatz". Kennen Sie vermutlich. Zum Beispiel eine alte Kultstätte der Kelten mitten in der Natur, meist auf einem Berg gelegen. Und ein solcher ist dieser Platz. In meiner Heimat Kärnten. Archäologische Funde zeigen, dass dort Kelten lebten und Druiden ihre Rituale vollzogen. Die Urchristen gründeten dort eine der bedeutendsten Pilgerstätten der Alpen. Es gab sogar eine Zeit, wo Kelten und Christen an diesem Ort friedlich zusammenlebten – ein Ort der Toleranz. Spürt man auch heute noch. Orte „speichern" ihre Vergangenheit. Dort gibt es auch eine mystische Grotte, die durch eine Öffnung den Blick zum Himmel freigibt. Inmitten der Grotte entspringt eine Wasserquelle. Der ganze Ort ist eine Quelle – eine Quelle der Kraft. Dass dieser Berg ein echter Kraftplatz ist, belegen geomantische Untersuchungen, die positive Erdstrahlen nachgewiesen haben.

Kraftorte zogen Menschen immer schon magisch an, und sie tun es immer noch. Die Sehnsucht, dass Mensch und Natur im Einklang miteinander leben, wird dort besonders sichtbar und spürbar.
All Kulturen kennen Kraftplätze. Denken Sie nur an Stonehenge. Oder an die Black Hills in South Dakota, den heiligen Berg der Lakota-Indianer. Feng Shui ist das Wissen, wie man solche Plätze findet und nutzt. Auch Kirchen stehen auf Kraftorten und werden so zu Kraftplätzen. Keine Kirche steht zufällig dort, wo sie steht. Das ist Feng Shui auf Abendländisch.

Dazu möchte ich Sie zu einem persönlichen Experiment einladen. Das Experiment dient dem persönlichen Erspüren eines Kraftorts. Beginnen Sie dieses Experiment beim nächsten Stadtbesuch, bei einer ausgedehnten Shoppingtour, vor einem wichtigen Termin, vor einer Prüfung oder dergleichen. Ort dieses Experiments ist eine Kirche. Keine Sorge, ich will Sie nicht missionieren oder bekehren! Sehen Sie die Kirche in diesem Fall nicht als eine religiöse Stätte, sondern einfach nur als Gebäude, das zudem auf einem energetisch hoch günstigen Platz steht. Sie können auch den Aspekt der Kunst in diesem Raum ausblenden. Die Kirche als Ort der Kraft und der Ruhe ohne religiösen Überbau. Wenn Sie sich wieder einmal im hektischen Getriebe einer Stadt aufhalten, dann kehren Sie in die nächste Kirche ein. Und Sie werden eine interessante Erfahrung machen: Lärm, Stress und Hektik legen Sie gleichsam wie einen Mantel am Eingang ab. Angenehme Stille und eine Atmosphäre der Ruhe empfangen Sie. Und im Hochsommer eine angenehme Kühle. Setzen Sie sich in eine Bank, richten Sie Ihren Rücken gerade auf. Das geht leicht, indem Sie vorrutschen und Ihren Po auf die Bankkante verlagern. Nun sitzen Sie automatisch im Lot. Atmen Sie ein paar Mal tief ein und aus. Verweilen Sie nun in diesem Augenblick. Ihre Gedanken beruhigen sich, und Ihr heißgelaufenes Gemüt fährt auf eine angenehme Betriebstemperatur herunter. Nehmen Sie dann den Kontrast zwischen dem Drinnen und dem Draußen wahr. Draußen leicht wahrnehmbar: der Lärm und die Hektik. Im Inneren des Raums hüllt Sie ein Gefühl der Beruhigung ein. Jetzt erfahren Sie einen Kraftort hautnah am eigenen Leib. Und so sind Kraftorte beschaffen, sie sollen Kraftquellen sein in einem turbulenten Alltag und Leben. Orte der Auszeit, um dann wieder mit neuer Kraft in den Alltag hinausgehen zu können. Verweilen Sie ein halbes Stündchen in der Kirche als Kraftort. Sie werden danach gestärkt und mit geschärften Sinnen wieder ins Getriebe draußen eintauchen. Und vielleicht mit einer Vorfreude, an einem Kraftort wieder einen Stopp einzulegen. Aber Sie können sich auch Ihren eigenen Kraftort schaffen. In Ihrer unmittelbaren Umgebung. Bei sich zu Hause. Schaffen Sie sich ein Plätzchen, wohin Sie sich regelmäßig zurückziehen können. Wo Sie Zeit für Ihre Tagträume haben. Wo Sie für einige Augenblicke des Tages Sie selbst sein dürfen. Wo sich Ihre Gedanken klären. Ihr Herz sich beruhigt. Wo Sie die Muse küsst. Wo Sie kreativ sein dürfen. Beim Malen, beim Singen, beim Schreiben, beim Meditieren, beim Basteln etc. Es ist wichtig, einen solchen Ort zu haben. Eine Basisstation, wo man seine Energien auflädt, um dann gut gestärkt seinen Alltag wieder empfangen zu können.

Mein Kraftplatz

Seelen Kraftwerk

Haben Sie persönliche Kraftplätze?
Wenn ja, fotografieren. Hier einkleben.

Wenn nein, wie stellen Sie sich Ihren idealen Kraftplatz vor?
Beschreiben Sie ihn:

Wo in Ihrer Umgebung könnten Sie sich einen Kraftplatz schaffen?

Kraftworte

Power-Wort-Riegel
Mut
Gelassenheit
Sonnenschein
Fröhlichkeit
Toleranz
Vertrauen
Urvertrauen
Liebe

Unsere Worte besitzen Kraft. Wenn Sie jemanden beleidigen, dann lösen die Worte bei Ihrem Gegenüber eine erlebbare Reaktion aus. Mindestens hagelt es unschöne Worte auf Sie herab. Im Extremfall manifestieren sich Ihre beleidigenden Worte in der harten Faust Ihres Gegenübers. Und im Extremfall ziehen Sie mit einem blauen Auge von dannen. Worte können auch Heilmittel sein: Sie können **loben, ermutigen, aufrichten, trösten, lieben, Hoffnung geben, Potenziale wecken, begeistern, verzeihen.** Worte sind Waffen oder Heilmittel – je nach Gebrauch. Für Waffen braucht man einen Waffenschein, und man übt den sicheren Umgang damit. Aber wie gehen wir mit unseren Worten um? Wie gehen speziell Sie damit um? Überlegen Sie, welche Reaktionen Sie mit Ihren Worten auslösen? Aber wir gebrauchen Worte nicht nur in der zwischenmenschlichen Kommunikation, sondern auch, wenn wir mit uns selbst in Kontakt treten. In Selbstgesprächen und im Denken. Dabei gebrauchen wir auch Worte wie: „Ach, ich Depp, schon wieder nicht geschafft! Typisch für mich, immer habe ich Pech, die anderen haben immer Glück!" „Mein Job nervt mich!" „Meine Familie nervt mich!" „Mein Leben nervt mich!" Habe ich damit Ihren Nerv getroffen? Meistens sehen wir das Negative bei anderen und bei uns, und wir urteilen sofort drauflos. Diese negativ gefärbten Worte, die wir in die Welt senden und mit denen wir mit uns selbst reden, die bewirken natürlich auch etwas. Man fühlt sich schlecht. Man beraubt sich seiner guten Energien. So wird man zu seinem eigenen „Energieblutsauger". Und das Ganze trifft auch auf Ihre Mitmenschen zu, wenn Sie diese mit entmutigenden Worten niederdrücken. Beobachten Sie mal, wie vielen emotional gebeugten Menschen Sie am Tag begegnen. Oft braucht man dafür nur in den Spiegel zu sehen. Worte besitzen ein Eigenleben. Sie transportieren das Gemeinte in unser Umfeld. Sagen Sie einmal: **„Liebe"**. Was empfinden Sie dabei? Welche Bilder steigen in Ihnen

Freundschaft Wärme Mitgefühl Dankbarkeit Achtsamkeit Leben Fließen Umarmen Selbstbewusstsein Kraft Schönheit Natur Wunder Glück Leidenschaft Erfüllung ....

auf? Welche „Farbe“ hat dieses Wort für Sie? Dann nehmen Sie das Gegenteil: „Hass“. Wie sind Ihre Empfindungen jetzt gefärbt? Sie sehen, es tut sich etwas. Und Sie können somit etwas tun, damit es Ihnen besser geht.

Suchen Sie für sich **Kraftworte,** die Sie öfter am Tag wiederholen. Wie die Mönche aus Indien, die ihre heiligen – im Sinne von „heilend“ – Worte wiederholen. Oder wie es bei den Mönchen der Fall war. Sie praktizierten die *Ruminatio.* Das bedeutet „Wiederkäuen“. Ja, wie bei den Kühen. Eines Tages hat nämlich ein Mönch Kühe beobachtet, wie sie genüsslich ihr Futter kauten und dabei glücklich und zufrieden waren. Und da wir Menschen nicht nur vom Brot allein leben, sondern auch von guten Worten, begann der kluge Mönch, gute Worte zu „kauen“. Tag für Tag. Und es tat ihm sehr gut. So wie gesunde Nahrung unserem Körper gute Kraft schenkt, so stärken gesunde Worte Geist und Seele.

Deshalb ist es gut, wenn man immer ein paar persönliche **Power-Wort-Riegel** eingesteckt hat, um seiner Seele bei Bedarf den nötigen Energieschub zu geben. Machen Sie sich eine Liste mit persönlichen Kraftworten. Mit Worten, die Ihnen guttun, die schöne Erinnerungen und positive Gefühle erzeugen. Die Ihnen in Stresssituationen und Zeiten, wo Sie vielleicht von Sorgen, Angst und Zweifeln heimgesucht werden, Trost spenden. Die Worte sind in Ihnen. Suchen Sie sie. Nutzen Sie sie. Für Ihr Wohlbefinden. Sie können sich auch täglich ein Kraftwort aussuchen, das Sie bewusst zu Ihrem Tagesthema oder Wochenthema machen können. Etwas, das sie erreichen wollen, beruflich oder privat. Oder welche Eigenschaften Ihnen guttäten, zum Beispiel **„Mut“, „Gelassenheit“, „Freundlichkeit“, „Toleranz“** etc. Und geizen Sie bitte nicht mit Kraftworten für andere! So wie Sie sich über ein nettes Wort zur rechten Zeit freuen, so geht es auch Ihrem Gegenüber! Heute noch ausprobieren! Danke!

Kraftmusik

Musik liegt in der Luft. Meistens schallt sie aus Lautsprechern. Zu Hause in unseren vertrauten vier Wänden, im Auto auf dem Weg von und zur Arbeit oder in den Urlaub. Oder wir erleben sie live. In einem Konzert, im Theater oder in der Oper. Auf der Straße. Dargeboten von Straßenmusikern, wenn wir durch die Innenstadt bummeln.

Musik ist schön, und sie schenkt Power. Sie kann einem aber auch ganz schön auf die Nerven gehen. Nämlich dann, wenn wir damit zwangsbeglückt werden. Durch Hintergrundmusik in öffentlichen Gebäuden. Vornehmlich in Supermärkten. Angeblich soll dadurch die Kauffreude gesteigert werden. Aber meist vergeht einem dabei

nur alle Freude. Wenn unsere überstrapazierten Gehörgänge zum zehntausendsten Mal mit *Last Christmas* malträtiert werden. Und das seit Mitte November. Selbst in Arztpraxen gibt es Permanentmusik – rezeptfrei. Wenn es wenigstens nur beruhigende Klänge wären, die die Selbstheilung anregen. Aber meist regen sie nur auf. Dann ist es höchste Zeit für aufbauende Musik. Denn aufbauende Musik kann echte Kraftmusik sein.

Jeder von uns kennt und hat solche Musikschätze, die er in seinem Herzen und im I-Pod herumträgt. An manchen Tagen machen sie sich als Ohrwürmer bemerkbar. Musik fängt Gefühle ein und verleiht ihnen einen melodischen Ausdruck. Unsere persönliche Kraftmusik weckt Gefühle und Erinnerungen. Mit bestimmten Liedern verbindet man ganz bestimmte Situationen. Als man sich das erste Mal verliebt hat. Das Lied zum ersten Kuss. Das Lied, das man im Schulskikurs oder in der Sommersportwoche zur Hymne erklärt und bis zum Umfallen rauf und runter gespielt hat. Ich erinnere mich noch an unsere Abitur-Hymne. Jürgen Drews: „Irgendwann, irgendwo, irgendwie seh'n wir uns wieder…"

Musik … Sie bringt unsere Sehnsüchte und Gefühls-Achterbahnfahrten zur Sprache. Vor allem die Schlagermusik. Sie wird oft abwertend belächelt. Aber trotzdem hört sie jeder gerne. Sie erzählt von Liebe, Glück, Leidenschaft, Erfüllung. Von Trennung, Liebeskummer, unerfüllter Liebe. Sie ist eine perfekte *Katharsis* – eine Reinigung der Seele. Lieder von Helene Fischer, Roland Kaiser, Semino Rossi, Andrea Berg, Claudia Jung und Konsorten lassen keinen noch so intellektuellen Zeitgenossen kalt. Im Gegenteil: Sie wärmen unser Gemüt. Musik beruhigt Seele und Geist. Man muss nicht unbedingt musiktherapeutisches Wissen haben, um den heilsamen Charakter der Werke eines Mozart selbst zu erspüren. Oder um die tiefenentspannende Wirkung gregorianischer Choräle oder gesungener Mantras tibetischer Mönche am eigenen Leib zu erfahren. Zu den Chorälen und Mantras kommt neben der Musik auch noch die spirituelle Dimension hinzu: Hinter den gesungenen heiligen Worten schwingt eine heilende Kraft mit. Vielleicht eine Art von homöopathischen Schwingungen. Schwingen auch Sie gut in und durch den Tag, wann immer Sie können. Mit Ihrer persönlichen Kraftmusik.

Allgemein und zugleich populär redend kann man den Ausspruch wagen: Die Musik überhaupt ist die Melodie, zu der die Welt der Text ist.

Arthur Schopenhauer

Die guten Noten

Welchen Stellenwert hat Musik in Ihrem Leben?

Was ist Ihre Lieblingsmusik? Welche Musikrichtung?

Gibt es ein Lied, mit dem Sie einen wunderschönen Augenblick in Ihrem Leben in Verbindung bringen?

Wie lange am Tag hören Sie Ihre bewusst und selbst gewählte Lieblingsmusik?

Bei welcher Musik sind Sie entspannt und Ihre Gedanken im Flow?

Kraftmenschen

Damit meine ich nicht muskelbepackte Reserve-Rambos, sondern Menschen, die einem guttun und Kraft geben. Im Lauf des Tages hat man im Normalfall mit vielen Menschen mehr oder weniger Kontakt. Beruflich und privat. Hin und wieder schleichen sich auch „Energiefresser" mit ein. Kennen Sie vielleicht. Während man mit ihnen redet, hat man das Gefühl, dass sie unsere Energiequellen anzapfen und leer pumpen. Es handelt sich dabei um Menschen, die vorwiegend von sich reden und sich in den Mittelpunkt stellen. Nach einer halben Stunde ist man erschöpft, nach einer Stunde streichfähig. Solche Begegnungen verlässt man in der Regel mit dem Gefühl, ausgelaugt zu sein. Es steckt ja keine böse Absicht dieser Menschen hinter ihrem Sein, sie können nichts dafür und auch nicht anders. Deshalb ist es für unsere Seelenhygiene wohltuend, wenn man ab und zu mit Kraftmenschen zu tun hat. Damit meine ich nicht, dass man seine Mitmenschen zu bloßen Instrumenten seines Wohlbefindens machen sollte! Auch nicht, dass man „negative" Menschen überängstlich meidet, weil unsere seelische Balance sonst darunter leidet. Das ist Unsinn und eine Extremhaltung, die Kraft raubt. Und sie fördert die Arroganz und vertreibt das Mitgefühl.

Kraftmenschen sind Menschen, bei denen man sein darf, wie man ist und wo man sich nicht ständig dafür rechtfertigen muss. Sie hören zu, beraten ohne missionarischen Eifer und machen Mut. Sie schenken Mut. Es sind wahre Freunde, und sie können zu Lebensmenschen werden. Bei ihnen darf man auftanken. Seien Sie dankbar, wenn Sie solche Menschen zu Ihren Freunden zählen dürfen und nehmen Sie dies nicht als selbstverständlich hin. Werden auch Sie Kraftmensch für andere. Das sind Sie, wenn Sie sich Zeit nehmen und einfach nur da sind für den anderen. Wenn Sie selbst ein Kraftmensch sind, werden Sie feststellen, dass Ihnen auch immer öfter Kraftmenschen über den Weg laufen werden. Kraftmenschen sind kostbar und selten. Tragen Sie zur positiven Bilanz etwas bei, indem Sie ab heute einer werden.

Lebensmensch sein

Seelen Kraftwerk

Es lohnt, sich auch darüber ein paar gute Gedanken zu machen. Und sie aufzuschreiben.

Glauben Sie, dass Sie für andere ein Kraftmensch sind?

Woran könnte man das erkennen?

Gibt es in Ihrem Leben Kraftmenschen für Sie?

Wer ist das?

Welche Eigenschaften sollte ein Kraftmensch haben?

Kraftbilder

Ein Bild sagt mehr als tausend Worte. Bilder führen uns längst vergangene Ereignisse vor Augen und ins Gedächtnis zurück. Persönliche Fotos erwecken jene Gefühle wieder zum Leben, die man in den geknipsten Momenten erlebt hat. Das gilt auch für jene Bilder, die wir in unserer inneren Fotodatei mit uns tragen. Unsere ureigensten Erinnerungen. Schöne Bilder können uns in schweren Zeiten zu Trostpflastern werden. Kraftbilder sind Bilder, die schöne, wohltuende Gedanken und Gefühle hervorrufen. Die uns stärken, ermutigen und aufrichten. Uns begeistern, motivieren und uns Optimismus schenken. Sie tragen unheimlich viele solcher Bilder in sich. Nutzen Sie sie. Es sind Erinnerungen an Augenblicke in Ihrem Leben, in denen Sie sich glücklich fühlten. Und stark. Es handelt sich um Erinnerungen an jene Momente, in denen Sie sich wirklich lebendig fühlten. Wo Sie im Fluss waren und voll beseelter Energie. Es sind dies jene Augenblicke in Ihrem Leben, in denen Sie die Frage: „Wo bist du?" mit „Vollkommen bei mir!" beantworten konnten. Solche Momente hat jeder Mensch schon erlebt, zahlreich, und die Bilder davon können Sie sich vor Ihrem geistigen Auge ansehen.

Ein Beispiel: Wie haben Sie sich gefühlt, als Sie so richtig verliebt waren? Mit allem Drum und Dran. Mit Tausenden Schmetterlingen im Bauch. Mit dem Erröten, den zittrigen Knien, den feuchten Händen, als Sie Ihre Liebeserklärung gemacht haben. Und erhört wurden und die Welt aus ihren Angeln heben konnten. Alles war leicht, lief rund und das Leben war einfach nur schön. Wie hat sie/er geheißen? Wo haben Sie sie/ihn zum ersten Mal getroffen? Wo sich verabredet? Wo sich geküsst? Sehen Sie, Sie erinnern sich gleich daran! Alles ist wieder da. Und hat Ihnen die Erinnerung gutgetan? Auf diese Art und Weise kann man seine Kraftbilder immer nutzen. Nur Sie kennen Ihre Kraftbilder, und sie sind Ihr ganz persönlicher Schatz. Wenn in Zukunft irgendwelche

Situationen auf Sie zukommen, die mit Sorgen, Ängsten, Zweifel und dergleichen einhergehen, dann setzen Sie ihnen Ihre Kraftbilder entgegen. Immer wieder werden Sie derartige Momente einholen. Sei es nur, dass Sie wieder mal auf den Zahnarztstuhl müssen. Dort bewähren sich die Kraftbilder ausgezeichnet. Ausprobieren! Sie können sich Ihre Kraftbilder aber auch aus der Zukunft holen. Dazu müssen Sie gar nicht mal in eine Zeitmaschine steigen. Es handelt sich dabei um Kraftbilder, die nicht Erinnertes, sondern Gewünschtes zum Inhalt haben. Was Sie noch tun möchten. Was Sie noch erleben oder erreichen wollen. Was Ihnen noch Freude bereiten würde und wird.

Nehmen wir gleich das Zahnarzt-Beispiel. Sie sitzen ängstlich in dem Behandlungsstuhl-Ungeheuer. Was tun gegen diese Angst? Reisen Sie geistig an Orte, an denen Sie sich wohlfühlten, oder von denen Sie meinen, dort würden Sie sich wohlfühlen. Stellen Sie sich die schönen und angenehmen Dinge vor, die Sie nach dieser Behandlung noch tun werden. So malen Sie ein Kraftbild des Muts und der Belohnung. Oder denken Sie daran, was Sie mit Ihren gepflegten, gesunden weißen Beißerchen in Zukunft noch so alles tun werden. Und welche Köstlichkeiten Sie damit noch genießen dürfen. Und wie viele strahlende Lächeln Sie der Welt damit noch schenken werden ...

Tun

Kraftbilder-Fotodatei

Welche gegenwärtigen Erlebnisse sollen einmal ihre künftigen Erinnerungen sein? Sie haben es in der Hand, sich diese innere Fotodatei von heute zusammenzustellen. Das motiviert zu einer Lebenshaltung, in der man mutig dem nachstrebt, was man sich vom Leben wünscht. Wer weiß, wann und wofür Sie diese Bilder noch einmal brauchen können. Wann und wo sie Ihnen Lebensmut, Lebensfreude und Wärme spenden dürfen.

Face-to-Face statt Facebook

Letztens war ich mit dem Zug unterwegs. Eine Gruppe Schüler stieg zu, Teenager, vierzehn oder fünfzehn Jahre jung. Dabei konnte ich ein interessantes Schauspiel beobachten: Gleich nach dem Hinsetzen – Simsalabim! – zauberten sie ihre Smartphones aus den Taschen hervor. Und los ging das Synchron-Touchscreening. Einigen Wortfetzen, die zufällig meine Ohren streiften, entnahm ich, dass sie sich auch untereinander simsten. Irgendwie befremdlich. Da sitzt man sich real und körperlich gegenüber und redet doch virtuell miteinander. Statt in lebendige Augen, starrt man apathisch auf ein lebloses Display. Warum nur? Ist es eine sichere Distanz vor wirklichen zwischenmenschlichen Begegnungen – aus Angst? Oder doch nur eine vorübergehende Lifestyle-Erscheinung? Muss man sich um die Kids der Gegenwart Sorgen machen? Wie oft am Tag tauchen Sie ein in die Welt von Bits und Bytes, um sich dort mit „Freunden" zu treffen? Mittels Facebook und Co. verlernen die Menschen sehr rasch das reale Begegnen miteinander, das Zuhören und vor allem das Hören auf das Nicht-Gesagte seines Gegenübers. Sie verlernen das Lesen in Gesichtern. Die Menschen verlernen das Mitgefühl. In einem solchen technisch-anonymisierten Umfeld wachsen unsere künftigen Generationen heran. Künftige Entscheidungsträger, für die Menschenkenntnis eine wichtige Eigenschaft wäre. Das stimmt zumindest nachdenklich. Wäre höchste Zeit für eine Mitgefühl-App oder eine App für Herzensbildung. Oder für ein gelegentliches Smartphone-Fasten. Smartphones und Tablets sind unsere engsten Partner. Man ist ihnen verfallen und von ihnen abhängig. „Nein!" werden Sie sagen? Wie lange halten Sie es ohne Ihr Handy, Smartphone oder Tablet aus? Eine Stunde? Einen Tag? Oder gar eine oder mehrere Wochen? Ohne dabei nervös zu werden und das Gefühl zu haben, auf spitzen Nadeln sitzen, etwas Wichtiges oder Interessantes versäumt zu haben? Wie oft pro Stunde wandert Ihr Blick auf Ihr Display? In der Hoffnung, dass irgendeine Nachricht kommt. Vergessen Sie trotz Facebook und Co. nicht, Ihre Face-to-Face-Freundschaften zu pflegen. Es ist irgendwie eine Paradoxie. Viele sind einsam, und ihre Suche nach „Freunden" führt sie in die virtuellen Weiten. Dann verlieren sie sich darin und sind einsamer als vorher. Kappen Sie öfters das Net, schalten Sie ab und pflegen Sie Kontakte zu einem persönlichen Du. Das tut Ihnen gut, dem Du sowieso und unserem unterkühlten sozialen Klima auf jeden Fall.

Seelen Kraftwerk

Offline-Fasten

Fasten Sie bei Handy, Smartphone, Tablet und Co. Geben Sie Ihren Geräten einen Tag frei und gönnen Sie sich vollkommene Unabhängigkeit in Sachen Internet und mobile Kommunikation. Vielleicht gleich am nächsten Sonntag. Dann können Sie gleich feststellen, ob und wie weit Sie von Ihrer Kommunikationstechnik abhängig sind. Legen Sie die Geräte beiseite, schalten Sie sie erst gar nicht ein. Einen Tag lang. Bis Montagmorgen! Ist hart, ich weiß es. Jede Stunde, die vorüberzieht, meinen Sie: „Jetzt habe ich etwas Wichtiges versäumt!" Und in der nächsten Stunde etwas noch Wichtigeres. Fast ein kleiner Entzug. Ein bisschen erschreckend, wenn man merkt, wie sehr man eigentlich schon „versklavt" ist von einer Technik, die einem doch dienen soll und nicht umgekehrt. Oder? Wie geht es Ihnen bei diesem Fasten? Welche Gedanken und Gefühle steigen auf? Anspannung, Nervosität ... ? Wie oft denken Sie an Ihr Handy? Fällt es Ihnen leicht, sich währenddessen auf andere Eindrücke und Menschen zu konzentrieren? Wie gestalten Sie die gewonnene Zeit? Was ist Ihr Resümee, das Sie aus diesem Experiment ziehen? Werden Sie diesen „Fastentag" öfters wiederholen? Oder gar als einen fixen Tag in Ihren Wochenverlauf einbauen? Wie fühlen Sie sich nach Ihrem Smartphone-und-Co.-Fastentag?

Caritas – Nächstenliebe als Glücksfaktor

Caritas. Ein alter Begriff. Aus dem von mir geliebten Lateinischen. Alt, aber gut? Oder alt und verstaubt? Die Bedeutung von Caritas ist eine gute Sache, aber auch verstaubt, nein, eher angestaubt – so ganz pessimistisch bin ich da doch nicht. *Caritas* – die Nächstenliebe. Klingt nicht gerade modern, doch sie passt sehr gut in unsere moderne Zeit. Ein wenig mehr davon würde ihr guttun, würde uns allen gut zu Gesicht stehen. Im mitmenschlichen Umgang gibt es sehr viele und gut geübte Ellbogen-Techniker, die vorwiegend auf ihre eigenen Vorteile und ihre eigenen Karrieren fokussiert sind. Ohne Rücksicht auf Verluste. Wer da mitmacht, der gilt als durchsetzungsstark. Der ist ein Gewinnertyp. Wer nicht, der gilt als schwach, als Feigling, als Loser. Der Egotrip liegt voll im Trend. Jeder hat Angst, dass er zu kurz kommt im Leben. Seminare zu diesen Themen gibt es wie Sand am Meer. Wichtige Instrumente zur Persönlichkeitsentfaltung, wie Selbsterfahrung oder Selbstverwirklichung, müssen vielfach als Synonyme für Egoismus-Training herhalten. Damit meine ich nicht die Aneignung eines gesunden Egoismus, der im Bedarfsfall notwendige Grenzen absteckt, sondern einen „Ellbogen-keine-Rücksicht-auf-andere-Egoismus." Selbstlosigkeit ist eine erstrebenswerte Eigenschaft. Aber auch hier gibt es die Gefahr, ins andere Extrem abzugleiten. In die Aufopferungsfalle. Auch nicht gut. Denn wer nur selbstlos ist, der ist früher oder später sein eigenes Selbst auch los. Glauben Sie mir, ich weiß, wovon ich rede. Ich war lange in der Alten- und Krankenpflege tätig. Habe meinen selbstlosen Idealismus ein wenig überzogen und zu wenig auf mich geachtet. Deshalb weiß ich auch, wie verführerisch einen das andere Extrem in solchen Momenten anlächelt – der bedingungslose Egoismus. Aber Extreme sind fast immer destruktive Lebenspartner. Die maßvolle

Ausgeglichenheit heilt. Ausgeglichene Nächstenliebe vergisst niemals ein gesundes Maß an Selbstliebe! Denn auch Sie selbst sind sich die/der Nächste. Aber eben nicht nur. Die Nächstenliebe ist ein guter Nährboden für das persönliche Glück. Die Nächstenliebe fördert auch die Vorteile und das Glück des anderen. Menschen, die sich auf dem Egotrip befinden, kreisen nur um sich selbst. Ihr ganzes Denken gilt ihrer Person, ihrem Glück, ihrem Erfolg. Ich glaube aber nicht, dass sie deshalb glücklich sind. Zufrieden schon gar nicht. Sie sehen nur mehr sich und ihr Leben. Und damit eben auch nur mehr ihre Sorgen, Probleme und Ängste. Dann kommt einmal der Zeitpunkt, wo man meint, man ist eh alleine auf dieser Welt, man braucht keinen, und außerdem ist sowieso keiner da, wenn man ihn braucht. Dann wird man zum Menschenverächter. Dieser Teufelskreis kann durchbrochen werden, indem man seinen Blick von sich weg auf andere wendet. Der Mensch ist auf ein Du ausgerichtet. Die Nächstenliebe, die tätige Nächstenliebe, holt uns aus der Isolation heraus. Sie hilft, wo es nötig ist und fragt nicht, was sie für Gegenleistungen erhält. Das wäre ja keine Liebe, sondern ein Geschäft. Zum Wohl anderer etwas beizutragen, macht glücklich. Es schenkt ein Glück, das lange währt.

Tun

Spenden Sie Zuwendung und Wärme!

Sie müssen nicht lange suchen, um Nächstenliebe zu verschenken. Es gibt sicher Menschen in Ihrer Umgebung, die Hilfe benötigen. In welcher Form auch immer. Nachbarn, Arbeitskollegen etc. Viele sehnen sich nach einem zuhörenden Ohr, einer helfenden Hand. Nicht nur Menschen brauchen Nächstenliebe. Gehen Sie in ein Tierheim, um Hunde spazieren zu führen. Das alles und noch mehr ist tätige Nächstenliebe. Vor allem, wenn man sich denen zuwendet, die im Schatten stehen. Tragen Sie doch ein Licht dorthin!

Wie reich und mächtig wir auch sein mögen, ohne Mitgefühl erfahren wir keinen inneren Frieden.

Dalai Lama

Mehr WAS als WIE

„Was machen Sie?“ Diese Frage ist Ihnen sicher nicht unbekannt. Und sie wurde Ihnen schon unzählige Male gestellt. Oder nicht? Nämlich immer dann, wenn man mit neuen Menschen zu tun bekommt. Und diese Frage bezieht sich nicht auf Ihr augenblickliches Tun oder Ihre Hobbys, sondern auf Ihren Beruf. Genauer gesagt, Ihren Berufs-Status. Daraus schließt Ihr Gegenüber dann, auf welcher Sprosse der gesellschaftlichen Leiter Sie stehen. So werden wir reduziert auf unser Was. Das „Was“ wird in den Vordergrund gerückt. Das „Wie“ wird hintangestellt. Die allermeisten Menschen definieren ihre Persönlichkeit ausschließlich über ihr Was. Selbst auf

die Frage: „Wer sind Sie?“ folgt ein „Ich bin Rechtsanwalt, Ärztin, Unternehmer“ etc. Und gar nicht selten bekommt man die Antwort ohne die Frage geliefert: „Ja, wissen Sie nicht, wer ich bin? Ich bin …“ Richtig! Es folgt eine Aufzählung angesehener Berufe, gespickt mit akademischen Graden, Amtstiteln und Ehrentiteln aller Art. „Ich bin der Bruder von …, die Schwägerin von … und über fünfundzwanzig Ecken fließt ein wenig blaues Blut in mir!“, bekommt man auch hin und wieder erzählt. Was bin ich, was wäre ich, was könnte ich noch sein? Das Bestreben, etwas zu werden, etwas sein zu müssen, ist anscheinend tief in uns verwurzelt. Schon von Kindesbeinen an werden wir von unserem zweibeinigen Lebensumfeld gefragt, was wir werden wollen, wenn wir einmal groß sind. So macht Mensch schon sehr früh Bekanntschaft mit dem Was. Was für verwunderte Gesichter würden die Fragenden machen, wenn ihnen ein Dreikäsehoch antwortete, wenn er groß sei, wolle er in erster Linie ein Mensch sein. Ein liebevoller und mitfühlender Mensch. Einer, der sich viel Zeit nimmt – für sich und seine Freunde und seine Familie. Einer, der sich regelmäßig der Muse verschreibt und ein Herz für Tiere und Natur hat. Er möchte ein Wer sein. Er möchte keine Nummer sein, sondern als Mensch wahrgenommen werden. Keiner, der bloß zu funktionieren hat im täglichen Getriebe. Er sehnt sich danach, öfter nur mal sein zu dürfen, ohne ständig eine Leistung erbringen zu müssen. Und all das ohne schlechtes Gewissen und das Gefühl, sich andauernd rechtfertigen zu müssen. Oder sich gar zu schämen. Tanten, Omas, Onkel würden wieder entgegnen: „Ja, alles schön und gut, Kleiner, aber was willst du einmal sein? Du musst doch was werden! Ist doch wichtig!" Das Was wird auch immer wichtiger. Mit diesem „Was" ist auch Sozialprestige gemeint und materielle Besitztümer. Auch Macht und der damit einhergehende Einfluss machen Menschen zu einem Was. „Der ist was geworden!" Der Schein ist wichtiger als das Sein. Man muss ja etwas darstellen. Und so werden wir zu Darstellern des Was. Viele auch im wahrsten Sinn des Wortes. Im SCHEIN-Werfer-Licht des Lebens zu stehen, ist ein erklärtes Ziel vieler junger Leute. Deswegen boomen diverse Castingshows, die schnellen Erfolg versprechen. Dabei geht es um Glamour und Schein. Oder haben Sie schon einmal eine Show gesehen, in der es um das Sein geht? Wo derjenige zum Sieger gekürt wird, der authentisch lebt, mitfühlend handelt, zu einem besseren menschlichen Miteinander beiträgt? Wo Menschen gezeigt werden, die Werte wie Rücksicht und Hilfsbereitschaft auf der Bühne des Lebens darbieten? Die man als wirkliche Vorbilder in Sachen Menschlichkeit ansehen kann? Stattdessen sehen wir Würmer-Esser im Fernseh-Dschungel. WIE sind Sie eigentlich? WER sind Sie? Nach welchen Kriterien beurteilen Sie Menschen? Nach welchen Kriterien beurteilen Sie sich selbst? Ihren Platz in der Gesellschaft?

Wie bin ich? Wer bin ich?

Seelen Kraftwerk

Hier Ihr Lieblingsfoto einkleben!

Aufschreiben – und entdecken, wie einzigartig Sie sind!

Sind Sie einzigartig?

Was antworten Sie auf diese Frage? Viele werden im Brustton der Überzeugung und ohne Zweifel antworten, dass sie es sind. Mancher wird an sich selbst zweifeln und nicht so recht wissen: bin ich es?

Zu den Zweiflern kann ich sagen: „Natürlich sind Sie einzigartig auf dieser Welt. Das ist einmal geklärt. Wie zeigt sich Ihre Einzigartigkeit im Alltag? Setzen Sie Ihr Einzigartigsein voll im Leben ein? Oder streben Sie öfters danach, zu sein wie andere? Wie oft im Lauf Ihres Tages schielen Sie auf Ihre Mitmenschen und beneiden diese? Beneiden sie um ihr Leben, ihren Besitz, ihre Talente, ihren Erfolg, ihre Familie, ihr vermeintliches Glück, ihre Berühmtheit? Was fällt Ihnen noch ein? Was würde in Ihrem Leben anders verlaufen, wenn Sie so wären wie die, die Sie beneiden? Glauben Sie, dass Sie dann wirklich besser dran wären? Auf lange Sicht gesehen?"

Aber das Vergleichen mit anderen ist eine zutiefst menschliche Eigenschaft. Sie ist vermutlich so alt wie die Menschheit selbst. Das ständige Vergleichen mit seinen Mitmenschen war ein oft aufkommendes Thema bei den sogenannten Wüstenvätern und -müttern. Das waren Frauen und Männer, die sich vor rund 1800 Jahren in einfache Einsiedeleien in der Wüste von Syrien und Ägypten zurückgezogen haben, um zu meditieren, sich selbst und „Gott" zu suchen. Vorrangig ging es aber darum, Glück, Zufriedenheit und Lebensweisheit zu erlangen. Einer der Einsiedler namens Paphnutios (gest. um 360 n. Chr.) sagt: „An welchen Ort du auch immer hinkommst, vergleiche dich nicht mit anderen, und du wirst Ruhe finden." Wir sehen, nicht einmal in der einsamen und menschenleeren Wüste war man gefeit vor dem Sich-mit-anderen-Vergleichen. Ja, wie denn auch! Es könnte ja immer einer besser sein als man es selbst ist. Ja, es könnte nicht nur, es ist immer jemand in etwas besser als man selbst. Und Sie wiederum haben persönliche Eigenschaften und Fähigkeiten, die ein anderer nicht hat und sich deshalb mit Ihnen vergleicht. So entsteht ein unaufhaltsamer Kreislauf des Strebens, eine Kopie des anderen sein zu wollen. Verlassen Sie diesen Persönlichkeits-Copyshop und arbeiten Sie stattdessen an Ihrem Original. Werden Sie keine Schwarz-Weiß-Kopie eines anderen. Gestalten Sie lieber mit den bunten Farben Ihrer Eigenschaften und wunderbaren Fähigkeiten das Meisterwerk Ihrer Einzigartigkeit. Wenn man seine Einzigartigkeit erkennen und umsetzen möchte, dann ist es sinnvoll, einen Schlussstrich unter das ständige Vergleichen zu ziehen.

Männer und Frauen vergleichen unterschiedlich – habe ich mal wo gehört. Wenn eine Frau einen Raum betritt, in dem andere Frauen anwesend sind, dann werden ihre inneren Vergleichs-Scanner aus dem Standby hochgefahren, und die Kontrolle ist innerhalb von Sekunden abgeschlossen. Haare, Frisur, Make-up, Kleidung, Schuhe(!), Attraktivitätsfaktor, Auftreten, Ausstrahlung auf Männer (wenn für hübsch befunden – Konkurrentinnen!! – Alarmstufe Rot!). Falls es dann doch noch zu einer näheren Kontaktaufnahme mit der „Rivalin" kommt, spielen auch Beruf, Partnerschaftsstatus, Ehemann, Kinder, Freundeskreis etc. eine nicht unerhebliche Rolle. Was hat die? Was habe ich? Ich möchte das auch! Bei uns Männern läuft das ähnlich ab, nur sind unsere Sensoren anders ausgerichtet. Was hat man(n)? Wohnung, Haus, Hobbys. Alles Klischees, ich weiß! Aber in jedem Klischee steckt ein klitzekleines Stückchen Wahrheit. Oder vielleicht doch auch ein größeres? Wahr ist jedenfalls, dass wir uns ständig vergleichen. Dabei gehen enorm viel wertvolle Lebenszeit und Energie den Bach runter. Akzeptieren Sie, dass Sie einzigartig sind. In Ihrem Äußeren, mit Ihrem Wesen, mit Ihrem Charakter. Sie sind als individuelle Gesamtkomposition eine Symphonie menschgewordener Schönheit. Und basta! Kein Mensch auf dieser Welt gleicht Ihnen. Sie sind ein wertvolles Unikat. Sie haben den Schlüssel, um diesen einzigartigen Menschen, der Sie sind, der Sie sein könnten, aus seinem Gefängnis des Anders-sein-Wollens und des Vergleichens zu befreien.

Ja sagen – seine Horizonte erweitern

So ein Ja-Sager! Was fällt Ihnen spontan ein, wenn Sie so etwas hören? Was meinen Sie damit, wenn Sie das zu jemandem sagen? Was für ein Typ Mensch ist ein Ja-Sager? Würden Sie sich selbst als Ja-Sager bezeichnen? Ja-Sager haben im Allgemeinen ein eher negatives Image. Sie gelten landläufig als willensschwach, angepasst und zählen nicht zu denen, die gegen den Strom schwimmen. Und als Vorbilder stehen sie auch nicht hoch im Kurs. Die Ja-Sager schlagen mit Vorliebe die Routen des geringsten Widerstands ein. Ja-Sager sind keine Helden des Alltags.

Wenn man genau hinsieht, dann kann man verschiedene Arten von ihnen ausmachen: Da wäre der ängstliche Ja-Sager. Er hat den Ruf, mit seiner wirklichen Meinung hinter dem Berg zu halten. Er möchte bei niemandem anecken, und er ist süchtig nach Harmonie. Deswegen wagt er es nie, für seine Überzeugungen und Rechte einzutreten, und er nimmt dadurch Nachteile für sein eigenes Leben gerne in Kauf. Für einen ängstlichen Ja-Sager ist das ganz normaler Alltag, er kennt es nicht anders. Das Ja ist sein treuer Wegbegleiter geworden, der nicht mehr von seiner Seite weicht. Der ängstliche Ja-Sager meidet jede Art von Konfrontation und Meinungsverschiedenheit. Er gibt dem Gegenüber immer recht, auch wenn er sich innerlich mit Händen und Füßen wehrt. Der ängstliche Ja-Sager möchte immer allen gefallen und von allen gemocht, ja, geliebt werden. Er hat große Angst vor Ablehnung und Zurückweisung. Dann gibt es noch den bequemen Ja-Sager. Auch er stimmt von vornherein der Meinung der Mehrheit zu. Die werden ja schließlich wissen, was richtig ist. Und was wird falsch daran sein, wenn es alle tun? Der bequeme Ja-Sager vermeidet mit seinem Ja-Sagen, dass er selber denken und sich eine eigene Meinung bilden muss. Er schwimmt mit dem Strom und macht sich weiter keine Gedanken. Er ist gut angepasst, von ihm kommen keine herausfordernden Hinterfragungen. Er läuft brav mit. Dann fällt mir noch der berechnende Ja-Sager ein. Er sagt Ja und Amen zu all dem, was ihm selbst Vorteile bringt. Der berechnende Ja-Sager analysiert jede Entscheidungssituation zu seinen Gunsten und filtert das für ihn Beste heraus. Der berechnende Ja-Sager stimmt allem zu, was seinem Vorteil dient. Auch wenn andere deshalb leer ausgehen. Das sind die Arten von Ja-Sagern, die mir so auf die Schnelle in den Sinn kommen. Moment, einer fällt mir noch ein: der mutige Ja-Sager. Auch den gibt es, wenn auch relativ selten. Deswegen hätte ich ihn beinahe übersehen. Der mutige Ja-Sager sagt einmal Ja zu sich. Er sagt Ja zu seinem Leben, zu seinen Stärken und Schwächen. Der mutige Ja-Sager sagt Ja zu den Herausforderungen seines Lebens, auch wenn er davor Angst hat und es ihm einiges an Überwindung abverlangt, sie zu bewältigen. Er sagt Ja zu neuen Chancen, die sich ihm eröffnen und die seinem menschlichen Wachstum guttun. Um diese Chancen zu nutzen, sagt er Ja zu neuen Lebenswegen und Lebensumständen. Auch wenn er dafür Gewohntes und Vertrautes hinter sich lassen muss. Der mutige Ja-Sager hat es vielleicht nicht immer leicht, doch er bleibt sich treu. Und auf lange Sicht gesehen ist er derjenige, der sich als wahrhaft glücklich bezeichnen darf. Der mutige Ja-Sager ist ein Vorauslaufender, kein Nach- und schon gar kein Mitläufer.

Seelen Kraftwerk

Ja-Sager

Was für ein Ja-Sager sind Sie?

....

....

....

....

Fallen Ihnen weitere Arten von Ja-Sagern ein?

....

....

....

....

Nein sagen – Grenzen setzen

Fällt es Ihnen leicht, Nein zu sagen? Mir schon. Das Nein-Sagen zählt sicher zum schwierigsten Tun im menschlichen Miteinander. Deshalb genießen die selbstbewussten Nein-Sager auch unsere größte Bewunderung. Das Nein-Sagen gilt als Stärke und als Attribut der Erfolgreichen. Unzählige Bücher geben Anleitungen zum befreienden Nein-Sagen. Das erfolgversprechende Nein-Sagen ist schwer angesagt. Da das Nein-Sagen sehr schwerfällt, scheint es etwas Besonderes zu sein. So ist es auch. Sofern es um das mutige Nein-Sagen geht, das persönliche Grenzen setzt und die ureigene

Identität des Nein-Sagers vor unerwünschten Manipulationen schützen soll. Das Nein-Sagen ermöglicht diese Identität erst.
Wie bei den Ja-Sagern gibt es auch bei den Nein-Sagern die ängstliche Spezies. Der ängstliche Nein-Sager möchte Konflikte vermeiden und Harmonie um jeden Preis. Auch um den hohen Preis, sich selbst zu verleugnen und zu verlieren. Hat er mit seinem Nein den Erfolg, einen großen Bogen um Konfliktsituationen zu machen, dann tut er es noch vor dem dritten Hahnenschrei.
Das Nein kommt uns auch deshalb so schwer über die Lippen, weil wir fürchten, andere damit vor den Kopf zu stoßen, zu enttäuschen, zu kränken. Das Nein-Sagen verlangt viel Selbstüberwindung. Ebenso die Überwindung des Außen in Form von Meinungen und „guten" Ratschlägen anderer. Nicht einfach. Die anderen könnten vielleicht doch recht haben. Die wollen vermutlich nur mein Bestes! Den guten Willen möchte ich den Ratschlag-Gebern von außen nicht absprechen. Aber sie können einem auch die klare Sicht verstellen, die man selbst haben könnte, würden einem so manche Ratschläge nicht die Sicht verstellen. Wenn man tief in seinem Inneren überzeugt ist, zu Situationen in seinem Leben ein klares Nein sagen zu müssen, dann sollte man damit nicht zögern. Tun Sie es nicht! Ich habe bis jetzt ein- oder zweimal zu oft gezögert.

Schwer Nein sagen tun wir ja nicht bloß anderen gegenüber. Wir haben auch Schwierigkeiten, es uns selbst gegenüber zu sagen. Wir alle wissen, welche Kraft es kostet, Nein zu sagen zu unseren belastenden Eigenschaften und einschränkenden Angewohnheiten. Zu unseren Süchten, wie der Kaufsucht, Ruhmsucht, Esssucht, Mediensucht. Nein zu Geiz, Neid, Eifersucht. Auch Nein zu Intoleranz und Ressentiments anderen gegenüber. Ebenso zu Einsamkeit, Trägheit und Langeweile, gegen die man durchaus selbst etwas tun kann. Indem man Nein sagt zum einschränkenden Zaudern, ängstlichen Zögern und unter die Leute geht.

Das Nein-Sagen ist auch dort vonnöten, wo es um Courage geht.

Nein zu Ungerechtigkeiten, die man vielerorts antreffen kann. Wo Rechte und die Menschenwürde mit Füßen getreten werden, da muss man ein lautes „Nein!" sagen und nötigenfalls den Schwächeren seine Stimme leihen. Sagen Sie auch Nein, wenn andere meinen, sie könnten sich mit Ihnen alles erlauben und Ihre Gutmütigkeit bloß ausnutzen.

Und vergessen Sie nicht, Nein zu sagen, wenn es um Ausbeutung, Verunstaltung und Verschmutzung der Umwelt geht und ganz besonders dort, wo Tiere leiden müssen. Ein klares Zeichen, ob Ihr Nein gut ist für Sie, ist, wenn sich danach angenehmes „Bauchgefühl" einstellt. Wenn Ihnen Ihre Intuition ein klares Ja zu Ihrem Nein sagt. Das Nein-Sagen veranlasst uns, Ver-Antwort-ung für unser Leben zu übernehmen. Es ist somit ein weitreichender Vorgang und hat nichts von einem Nein aus Trotz. Es ist eine Haltung gegenüber sich selbst und anderen. Diese Ver-Antwort-ung erwartet, dass wir Antwort auf unser Leben geben. Unser Leben stellt uns die Frage: „WER bist DU?" Das Nein-Sagen in den richtigen Momenten ist eine wichtige Hilfe, um dieses einzigartige DU zu entfalten. In diesem Fall ist ein Nein das Ja zu Ihrem einzigartigen Leben.

Das Nein-mal-eins

Seelen Kraftwerk

no Wie oft am Tag sagen Sie ein Ja, obwohl Sie ein Nein sagen möchten?

no Zählen Sie Ihre Neins, machen Sie sich abends eine Liste von Situationen und schreiben Sie gleich die Gründe für Ihre Neins dazu!

no Üben Sie das Nein-Sagen. Aller Anfang ist schwer. Ich beginne auch gerade damit, obwohl schon über vierzig Sommer alt. Warten Sie auf eine Situation, in der Sie wieder Nein sagen möchten und dann tun Sie es einfach! Heute nur ein Mal. Wieder Situationsliste am Abend und wie es Ihnen dabei ergangen ist und wie Sie sich jetzt fühlen!

no Morgen geht's ein wenig leichter. Es kommen immer wieder Rückschläge, da brauchen wir uns nichts vorzumachen. Aber bleiben wir am Ball, üben wir gemeinsam!

....

....

....

....

....

....

....

....

....

....

....

....

Zuhören

Sind Sie eine gute Zuhörerin, ein guter Zuhörer? Beantworten Sie diese Frage einmal für sich selbst und dann stellen Sie diese Frage Ihrem Partner, Ihrer Familie und Ihren Freunden. So sehen Sie, ob sich Eigen- und Fremdwahrnehmung decken. Wenn Sie als gute Zuhörerin, guter Zuhörer aus dieser Befragung hervorgehen, dann zählen Sie zu einer seltenen Spezies. Im alltäglichen Miteinander wird sie nicht oft gesehen, fast könnte man meinen, sie sei von Aussterben bedroht. Was tut man im Allgemeinen, wenn etwas am Aussterben ist? Richtig, man versucht, es wieder zu kultivieren. Es wäre schön und wohltuend, wenn wir das auch mit dem Zuhören täten. Und das Wunderbare daran: Jeder für sich kann diese Eigenschaft kultivieren. Möglichkeiten dazu gibt es täglich mehr als genug. Das Zuhören gelingt dann, wenn man bereit ist, sich voll auf den anderen einzulassen. Man sollte im Augenblick präsent sein. Vermutlich kennen Sie das. Man redet mit jemandem und hat das Gefühl, dass er mit seinen Gedanken und seiner Aufmerksamkeit ganz woanders ist. Seine Augen wandern unruhig hin und her. Er hört auf alles, nur nicht auf einen. Sein Körper sitzt quasi vor einem, aber sein Geist ist schon fünf Häuserblocks weiter. Dann gibt es die, die einem ständig ins Wort fallen, einen nicht einen Satz zu Ende bringen lassen und sofort mit einer Antwort, einer Lösung oder einem Vorschlag kontern. Aber zumindest tun sie es gesprächsbezogen.

Dann kann es sein, dass Sie jemandem etwas erzählen, dieser kurz zuhört und höflich nickt, dann aber den Gesprächsverlauf abrupt umleitet und nur mehr von sich spricht. Ich dachte immer, ein Gespräch basiert auf einem Nehmen und einem Geben. Zuhören – reden – zuhören – reden und so weiter. Und wenn man jemandem etwas anvertrauen oder mitteilen möchte, dass da als erster Schritt das Zuhören meines Gegenübers der Regelfall ist. Das Zuhören macht es einem erst möglich, wirklich auf das einzugehen, was der andere zu sagen hat. Sonst redet man gar nicht miteinander, sondern aneinander vorbei.

Beim Zuhören muss ich mich selbst zurücknehmen, schweigen und mich einlassen. Dann höre ich nicht nur die Worte des anderen, sondern höre auch das, was er meint mit dem, was er sagt. Dann höre ich auch das Ungesagte. Dann nehme ich seine Person wahr. Sein *Per-sonare,* was man grob mit „Schwingung" übersetzen kann, den Grundtonus der Persönlichkeit. Beim Zuhören hört man auch den Tonfall der Stimme, die ihrerseits die Verfassung seiner Stimmung vermittelt. Das Zuhören beschränkt sich aber nicht nur auf das anderen Zuhören. Man darf hin und wieder auch sich selbst zuhören. Seiner inneren Stimme lauschen. Doch wie oft fallen wir auch dieser ins Wort und bringen sie dadurch zum Schweigen. So ist es schwer, mit sich selbst ins Gespräch zu kommen. So erfahren wir womöglich nie, was wir tun, wer wir sein oder wie und wo wir Erfüllung finden dürfen.

Tun

Wer zuhört, erfährt mehr

Nehmen Sie sich öfters Zeit zum Zuhören – anderen und sich selbst. Sie werden viel erfahren. Wie sieht es jetzt aus? Können Sie gut zuhören? Haben Sie gute Zuhörer?

Mitfreuen

Geteiltes Leid ist halbes Leid! Der Beistand einfühlsamer Menschen in schweren Momenten unseres Daseins macht die Schwere eines Unglücks leichter. Es ist schön und tröstlich, zu wissen, dass die meisten Menschen in solchen Stunden bereitwillig ihre Hilfe anbieten. Aber Gottseidank besteht das Leben nicht nur aus leidvollen Momenten, sondern auch aus schönen, voller Glück und Freude. Der gute alte Mister Spock würde jetzt wohl meinen, es sei wohl logisch, dass, wenn sich geteiltes Leid halbiere, sich mitgefreute Freude verdopple. Müsste so sein, oder? Würde man meinen. Aber wenn es um das Mitfreuen mit anderen geht, da sind wir Menschen äußerst zurückhaltend. Anscheinend solidarisieren wir uns mit leidgeprüften Pechvögeln eher als mit sogenannten Glückspilzen. Je unzufriedener wir sind, desto weniger gönnen wir anderen Glücksmomente. In einer Daseins-Blues-Stimmung erscheint einem sowieso jeder, der einem begegnet, glücklich. Überall sehen wir dann fröhliche Menschen,glückliche Pärchen, erfolgreiche Leute. Wenn wir dann konkret auf jemanden treffen, dem gerade etwas Gutes widerfahren ist, der gerade einen beruflichen Aufstieg geschafft hat, frisch verliebt ist, sein neues Traumhaus bezogen hat, ein neues Auto gekauft hat, das wir auch schon immer wollten, dann sticht uns der Neid mit spitzen Nadeln. Und unser Antlitz färbt sich grün. Schon interessant, diese zwei Seiten in uns. Wenn es jemandem schlecht geht, dann erwacht das Mit-Leid, wenn es jemandem zu gut geht, dann unser Mit-Neid. Wobei das mit dem Mit-Leid auch so eine Sache ist. Wenn in einer Hochglanzillustrierten steht, dass ein Promi, ein König, eine Prinzessin oder irgendein reicher Magnat gerade eine Pechsträhne hat, dann kommt Schadenfreude auf: „Dass da mal was kommen musste, bei dem überhaupt, das haben wir schon immer gewusst. Recht so!" Kommen Ihnen gelegentlich ähnliche Worte über die Lippen? Die Mitfreude gehört also nicht gerade zu unseren Stärken. Dabei schaden wir gerade uns selbst, wenn wir den anderen das Gute und Schöne vorenthalten. Es gibt die berühmte goldene Regel, die sinngemäß sagt, wir sollten dem anderen nicht das antun, was wir uns auch nicht angetan haben wollen. Seien wir also geizig mit dem Neid und großzügig mit der Mitfreude! Was wir anderen vorenthalten, bekommen wir selbst auch nie. Und das sind doch lauter gute Sachen, oder haben Sie schon mal jemanden um etwas Schlechtes beneidet? Na eben! Schenken Sie Mitfreude, und die Freude wird mit Ihnen sein!

Tipp

Wahrhaftige Mitfreude

Wenn Ihnen das nächste Mal jemand sein Glück mitteilt, achten Sie darauf, wie Sie reagieren und wie Sie sich dabei fühlen! Empfinden Sie wirkliche, von Herzen kommende Mitfreude oder machen Sie ein lächelndes Gesicht und sprechen Glückwünsche aus, denken aber im Inneren: *„Warum nicht ich? Immer die anderen!"*

Tomaten schmecken nach Humor

Sind Sie auch ein Fan von Tomaten und essen diese so gerne wie ich? Ich mag ihre schöne rote Farbe, ihr Geruch ist der des Sommers und ihr Geschmack eine Liebkosung des Gaumens. Ich freue mich schon wieder darauf, wenn sie Hochsaison haben. Tomaten sind gesund, und sie machen glücklich. Und sie schenken uns Humor!

Wie? Humor? Wie soll denn das gehen? Besitzen die Tomaten etwa ein bisher unbekanntes „Vitamin H(umor)"? Ja, so ähnlich! Nur wird dieses „Vitamin" nicht beim Verzehr der Tomaten von uns aufgenommen, sondern viel früher: beim eigenhändigen Pflanzen der Tomaten und bei ihrer liebevollen Pflege. In „Humor" steckt etwas Lateinisches drinnen, nämlich *humus.* Den haben schon viele von Ihnen vom Baumarkt in Plastiksäcken nach Hause geschleppt. *Humus* bedeutet „Erde". Und mit dieser kommt man unweigerlich in Berührung, wenn man seine Tomatenpflanzen einsetzt. Gartenarbeit finde ich eine der besten Methoden, um „runter"zukommen. Man muss dabei auch runter, sich runterbeugen zum Humus und mit bloßen Händen darin herumwühlen. Man greift ins volle Leben, in die fruchtbare Erde, die uns alle nährt und (er)trägt. Das erdet uns. Es beruhigt das Gemüt, und der kühle Humus verschafft uns einen kühlen Kopf. Die Gartenarbeit ist Meditation in Bewegung – quasi „Garten-Yoga". Während man seine Tomaten in den Humus pflanzt, pflanzt man den Humor in sein Herz. Humor ist kein Witzereißen auf Kosten anderer, sondern eine Lebenshaltung. Der Humor relativiert und schärft unser Auge für das Wesentliche im Leben. Ein Mensch mit Humor sieht sich als Teil der Erde und als Partner der Schöpfung, nicht als deren Beherrscher. Er zeigt Mitgefühl. Er nimmt sich nicht so waaahnsinnig wichtig und kann über sich lachen. Das entspannt und macht gelassen. Der Humor ist gesund und macht glücklich. Wie die Tomaten. Wenn Sie keinen eigenen Garten haben, dann pflanzen Sie Ihre Tomaten in einem Kistchen oder Blumentopf am Balkon, am Fensterbrett. Der Humor wächst auch dort. Wenn Sie das nächste Mal einen Tomatensalat, eine Tomatensuppe oder eine Tomaten-Mozzarella-Caprese genießen, dann denken Sie an das „Vitamin H(umor)", das in Ihren Tomaten steckt. Bei jedem Bissen!

Wissen bedeutet, sich bewusst zu sein, dass die TOMATE eine Frucht ist. Weisheit bedeutet, sie nicht in den Obstsalat zu schneiden.

Miles Kington

Askese – das richtige Maß

Es gab eine Zeit, da war die Askese eine Tugend. Die Askese ist eng mit der Spiritualität verbunden. Und das nicht bloß mit der christlich-abendländischen, sondern ebenso mit der hinduistischen, buddhistischen und mit jener der Indianer. Buddha gilt gleichsam als die personifizierte Askese. Der Begriff „Askese" bedeutet so viel wie „Übung zur Enthaltsamkeit". Vermutlich stoßen diese Begriffe bei Ihnen auf eine gewisse Abwehrhaltung. Es klingt beim ersten Hinhören so, als müsste man sich dabei zu etwas zwingen. Als müsste man leiden. Vielfach wurde die Askese leider so verstanden und praktiziert. Ungesunde Askese eben. Askese meint vielmehr, dass man das rechte Maß in sein Leben lässt. Das rechte Maß ist der goldene Mittelweg zwischen einem Zuviel und einem Zuwenig. Eine gute Übung dafür, die Sie selbst und gleich heute in Ihr Leben einbauen können, ist die Betrachtung Ihres Verhältnisses von Nahrungsaufnahme und Bewegung. Essen Sie zu viel und bewegen Sie sich zu wenig? Oder essen Sie zu wenig und bewegen sich zu viel? Beides ist ungesund und tut nicht gut. Die Zeit ist reif für eine maßvolle Askese. Zum Beispiel maßvolles Essen und maßvolle Bewegung. Wie maßvolles Laufen, ohne sich auszupowern. Das wäre ein guter Einstieg in Ihr Leben als „Alltags-Asket". Noch markanter zeigt sich die Wirkung der Maßlosigkeit beim Schlaf. Zu viel davon macht genauso schlapp wie zu wenig davon. Die Maßlosigkeit nimmt überhand. Denken Sie nur an die Wirtschaftskrisen, die Finanzblasen, die platzen und viele Menschen in Existenzängste stürzen. Alles nur, weil einige der Gier nach dem Mehr verfallen sind. Oder schauen wir auf unser angeschlagenes Klima. Grund dafür ist ein ausbeuterischer Umgang mit unserem Heimatplaneten. Dessen wertvolle Ressourcen werden ohne Rücksicht auf die Generationen nach uns ausgepumpt. Unsere

Erde wird aber auch vollgepumpt, vor allem mit Schmutz und CO_2. Auch hier wäre Askese dringend angesagt. Man kann bei sich anfangen und seine eigene CO_2-Bilanz verbessern, indem man zu Lebensmitteln greift, die saisonal bei uns wachsen und deshalb keine halbe Weltreise hinter sich haben. Und wenn man bestimmte Lebensmittel doch unbedingt benötigt, zumindest darauf schaut, dass diese wenigstens fair gehandelt sind. Apropos Klima und Wetter: Ich denke mir oft, dass unser gegenwärtiges Klima ein Spiegelbild unserer Maßlosigkeit ist. Es gibt fast keine längeren und gemäßigteren Übergänge zwischen den einzelnen Jahreszeiten mehr. Auf kalt folgt heiß und umgekehrt. So läuft es vielfach auch in unserer Gesellschaft ab. Sehen Sie mal genauer hin. Sie sehen, dass eine vernünftige Askese, ein vernünftiges Maßhalten, ein Gebot der Stunde ist. Für uns alle. Askese ist eine uralte Tugend, aber aktueller denn je. Die Askese darf sich auch auf das Verhalten uns selbst gegenüber erstrecken. Auch im Umgang mit unseren eigenen Kraftressourcen stellt sie eine gute Hilfe dar. In Anbetracht steigender Burn-out-Quoten sollte man die Energie seiner Lebensakkus maßvoll verwenden. Und das regelmäßige Aufladen nicht vergessen!

Seelen Kraftwerk

Maß nehmen

In welchen Bereichen Ihres Lebens sind Sie maß-los?

In welchen davon möchten Sie persönlich künftig asketischer leben?

Wo üben Sie sich schon in Askese?

Habitare secum – bei sich wohnen

Dieses Lebensmotto stammt aus dem reichhaltigen Fundus des abendländischen Mönchtums. Es bezeichnet einen Zustand, nach dem sich die allermeisten Menschen sehnen. Unaufhaltsame Rastlosigkeit bestimmt unseren Alltag. Und alles wird von Tag zu Tag schneller. Wir rennen immer schneller. Zu unserem Berufsstress gesellt sich auch noch der Freizeitstress. Auch unsere freie Zeit muss bis ins kleinste Detail verplant sein. Selbstverständlich auch die Zeiten von Tochter und Sohn. Vom Kindergarten geht es direkt zum Chinesisch-Kurs und anschließend flugs zum Klavierunterricht. Und falls dann doch noch ein unnötiges Zeitfenster offen bleibt, findet man sicher noch was. Vielleicht Kinder-Yoga. Wir müssen uns also keine Sorgen machen. Unsere künftigen Erwachsenen lernen von den gegenwärtigen sehr gut, wie man Zeit effizient „nutzt". Leerzeiten sind nicht schick. Und wenn man pro Tag zu wenige Termine hat, dann ist man sowieso schon verdächtig. Ein Müßiggänger, ein Faulpelz. Hektiker-Mensch hingegen fährt schon öfters mal aus seiner Haut und ist dann AUSSER SICH. Das Außer-sich-Sein ist ein Grundtonus des modernen Menschen. Man ist außer sich vor Stress. Dieser macht gereizt, und es braucht nicht viel, und man ist auch außer sich vor Wut. Da reicht es schon, wenn der Vordermann zu langsam fährt. Wer ständig außer sich ist, der findet nie zur Ruhe. Drehen Sie den Spieß um und kehren Sie zur Abwechslung bei sich selbst ein. Sonst geht es Ihnen wie Karl Valentin: „Heute Abend komme ich mich besuchen, hoffentlich bin ich daheim." Sind Sie daheim, wenn Sie bei sich anläuten? Oder aus dem Häuschen? Viele Menschen schaffen diese Einkehr bei sich nur sehr schwer. Man trachtet zwar nach dem „Schöner Wohnen" im Außen. Richten Sie sich aber auch eine schicke Hütte in Ihrem Inneren ein. Eine Wohnfühloase für Geist und Seele. Dann haben Sie eine stabile Grundlage für Ihre turbulenten Alltage. Es braucht nicht viel dazu: kurze Auszeiten, in denen Sie sich selbst spüren dürfen. Etwa wenn Sie nach Hause kommen, dann setzen Sie sich zehn Minuten in eine ruhige und für Sie angenehme Ecke und lassen Ihre Seele nachkommen. Das können Sie machen, indem Sie sich der Stille hingeben und bewusst Ihre Atemzüge zählen. Tief ein- und ausatmen, Sie werden merken, wie Sie wieder zur Be-Sinn-ung kommen, der Herzschlag wird ruhiger, und Ihr Geist sammelt sich und kehrt im Hier und Jetzt ein. Ich komme gerne mit Musik heim. Ganz gute Dienste leistet mir persönlich immer wieder good old Frank, der Unvergleichliche, Sinatra. Sie werden Ihren eigenen Woh(n)fühlklang schon finden.

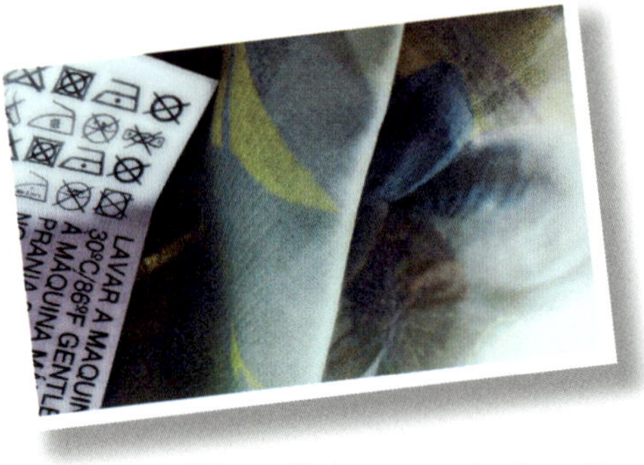

Bügelnd zur Erleuchtung

Wenn Sie heute noch einen Berg Wäsche wegbügeln müssen, dann dürfen Sie sich freuen. Denn damit begeben Sie sich auf den Pfad der Erleuchtung. Dafür brauchen Sie nicht unbedingt den Jakobsweg zu beschreiten oder sich zur Meditation nach Indien in einen Ashram zurückzuziehen. Es reicht, wenn Sie ins Wohnzimmer gehen und Ihr Bügelbrett aufstellen. Meditation im Alltag mithilfe Ihres konkreten Alltags als Ihrem spirituellen Lehrmeister. Alltägliche Tätigkeit ist der beste Weg zur Erleuchtung. Die ganz unscheinbaren Verrichtungen sind die Dinge, die Großes in sich tragen. Viele von uns sind auf der Suche nach dem Großartigen im Leben und übersehen dabei das Unscheinbare und Leise, das sie zu diesem Großen hinführt. Und wie wollen Sie das Großartige in Ihrem Leben überhaupt wahrnehmen und schätzen, wenn Sie am scheinbar Unwichtigen vorbeigehen und darüber hinwegsehen? So wird eine profane Tätigkeit wie das Bügeln – bei den meisten noch dazu unbeliebt – zu einem Vehikel der Erleuchtung. Was ist Erleuchtung? Kennen Sie vermutlich in Verbindung mit Geschichten über Propheten, Heilige, Religionsgründer und große Yogis. Das alles brauchen Sie nicht zu sein und schon gar nicht zu werden. In „Erleuchtung" steckt das „Leuchten" drin, was mit Licht zu tun hat. Und Erleuchtung hat damit zu tun – dass einem ein Licht aufgeht. Und das mit dem Bügeln der Wäsche? Aber klar doch! Das Bügeln ist – oberflächlich betrachtet – eine monotone Tätigkeit. Den Schatz, den diese monotonen Tätigkeiten in sich bergen, haben die alten Mönche sehr früh erkannt. Bei ihren einfachen handwerklichen Arbeiten, wie dem Fegen des Bodens oder dem Knüpfen von Matten, hatten sie ihre wertvollsten Erleuchtungsmomente. Dieses Phänomen können Sie beim Bügeln erfahren. Und es werden Ihnen viele Lichter aufgehen. Die besten Ideen und Lösungen kommen einem dann, wenn man nicht verbissen mit dem Problem beschäftigt ist oder Tag und Nacht darüber nachdenkt. Beim Bügeln kommen Sie in den oben erwähnten Zustand. Psychologen würden ihn „Alpha-Zustand" nennen. Ich nenne ihn einfach nur „meditativer Zustand". Eine mit Hand-arbeit verbundene Innenschau. Man setzt zu Beginn eine Hand-lung. Sie entspannen sich auf angenehme Weise, der Gedankenfluss wird frei von Blockaden und verkrampften und übersteigerten Erwartungshaltungen. In diesem Zustand haben Sie intensiveren Zugang zu Ihren kreativ-geistigen Quellen. Und dann, wenn Sie es gar nicht erwarten, haben Sie plötzlich die Lösung für ein lange mitgeschlepptes Problem oder eine scheinbar unlösbare Aufgabe. Sie bekommen unerwartet entscheidende Impulse, die einen guten Einfluss auf Ihr Leben, Ihren Beruf, Ihr Privatleben haben können. Aber nicht bloß das Bügeln ist Meditation, sondern auch viele andere Tätigkeiten des Alltags, bei denen man nicht hundertprozentig konzentriert und voller Achtsamkeit sein muss. Es geht auch beim Bodenwischen. Bei dieser Tätigkeit kommt noch der Aspekt der Reinigung hinzu. Das Reinigen und Ordnen im Außen bringt ein geistig-seelisches Reinigen mit sich. Oder beim Kartoffelschälen, beim Staubsaugen, beim Umrühren der Gemüsesuppe, beim Laub-Rechen, beim Autoputzen …

Seelen Kraftwerk

Meine Wege zur Erleuchtung

1. Bügeln
2. ……………………………………
3. ……………………………………
4. ……………………………………
5. ……………………………………
6. ……………………………………
7. ……………………………………
8. ……………………………………
9. ……………………………………
10. ……………………………………

Räuchern – Reinigung der etwas anderen Art

In den sogenannten Raunächten gibt es einen sehr schönen alten Brauch: das Räuchern. Die Raunächte sind die Nächte von Weihnachten bis zum 6. Januar. Man möchte mit dem Räuchern die bösen Geister, die in den Raunächten besonders aktiv sind, vertreiben. Denn so schafft man Platz für einen Neuanfang und für Glück im kommenden Jahr. So sagt es uns die Legende. Geräuchert wird mit getrockneten Tannenzweigen, die mit einer Glut zum Glosen gebracht werden. Ein unvergleichlich guter Duft! Man beginnt mit dem Räuchern aller Räume im Haus, vom Dachboden bis zum Keller. Dann geht man dreimal im Uhrzeigersinn um das Haus und segnet so auch das Grundstück und den Garten. Die Bauern räuchern auch die Stallungen und Tiere. Das Räuchern ist uralt. Es hat seinen festen Platz in allen Kulturen und Religionen, wenn es um Reinigung und Heilung geht. So verwenden die Medizinmänner der Indianer für ihre schamanischen Heilungsrituale immer Räucherwerk, um die Geister der Krankheiten zu bannen. Das war in unseren Breiten auch einmal Usus. Das Zimmer eines Kranken wurde während seiner Genesung regelmäßig mit Weihrauch ausgeräuchert. Das hatte nicht nur spirituell-religiöse Gründe, vielmehr hat der Weihrauch ja auch eine desinfizierende Wirkung. Wenn früher ein Mensch gestorben ist, dann wurde er im Sterbezimmer mit Weihrauch gesegnet und verabschiedet. Seine Seele sollte von dem heiligen Rauch ins Jenseits begleitet werden. Um das Räuchern in seinen Alltag zu integrieren, braucht es nicht solche extremen Ausnahmesituationen. Es reicht schon, wenn wieder mal „dicke Luft" in Ihren vier Wänden herrscht, nach einem Streit, nach einer kräftezehrenden Sitzung oder zermürbenden Diskussionen. Vielleicht kennen Sie das. Obwohl Sie danach alle Fenster aufreißen und gut durchlüften, bleibt doch eine gewisse „Schwere" im Raum bestehen. Dann können Sie selber Hand anlegen und die „bösen Geister" des Streits mit dem Räuchern in die Flucht schlagen. Praktisch sieht das so aus, dass Sie es mit Räucherstäbchen machen. Sehr gut und angenehm im Duft ist Sandelholz. Oder Sie gehen zur Variante für Fortgeschrittene über und verwenden ein Weihrauchfässchen mit Räucherkohle und Weihrauch. Beim Weihrauch achten Sie bitte darauf, dass er nicht parfümiert ist. Es gibt gutes Weihrauchharz in Erste-Welt-Läden und auch in der Apotheke. Qualitativ guter Weihrauch reizt weder Nase noch Augen und ist trotz der Rauchentwicklung im Geruch nie unangenehm aufdringlich. Auch die Rauchentwicklung ist mäßig. Ich räuchere damit auch Räume mit Rauchmeldern, ohne dass diese losgehen. Weihrauchfässchen gibt es in fast jedem Geschenkeshop. Statt Weihrauch können Sie mit dem Fässchen auch diverse Kräuter als Räucherwerk verwenden: Salbei, wie die Indianer. Oder getrocknete Lavendelblüten, Beifuß, oder was Ihnen sonst noch zur Nase steht. Beim nächsten Waldspaziergang halten Sie Ausschau nach Baumstämmen mit getrocknetem Harz. Einfach abkratzen und daheim als selbst geernteten Weihrauch räuchern. Damit nehmen Sie ein Stück Wald mit zu sich nach Hause. Unbedingt mal ausprobieren – Ihre Nase wird staunen! Mit dem Räuchern bringen Sie Ihre persönliche Atmosphäre in Ihre private Wohnumgebung.

Tipp

Vorsicht beim Auskühlen!

Bitte lassen Sie die Räucherkohle im Räucherfässchen auskühlen und achten Sie darauf, dass sich weder Kinder noch Tiere daran verletzen können!

Gemeinsame Mahlzeiten

Fast nirgendwo sonst spiegelt sich unsere schnelllebige Zeit so gut wider wie in unserem Essverhalten. Fast-Food und Fertiggerichte überschwemmen die Regale unserer Supermärkte. Und da wir immer mehr erleben wollen, und das schneller denn je, darf auch das Essen nicht langweilig schmecken. Selbst das Wasser darf nicht mehr nur nach Wasser schmecken. Von Ananas über Ingwer bis zur Passionsfrucht reichen die Geschmacksrichtungen von Mineralwasser. Kein Wunder, dass uns die Natürlichkeit und der Bezug zur Natur verloren gehen. Verloren gehen uns auch die Zeit und der Sinn für unsere Nahrungsaufnahme. Genauso schnell wie das Essen zubereitet sein soll, so schnell will es auch verschlungen sein. Man würgt in der Mittagspause hastig einen Snack in sich hinein. Schnell, gut und vor allem billig muss er sein. Letzteres geht auf Kosten der Qualität und der Ehrlichkeit der Produzenten, wie die zahlreichen Lebensmittelskandale immer wieder zeigen. Das alles geht auf Kosten unserer Gesundheit. Würden Sie Ihrem Auto minderwertigen Sprit einfüllen? Warum nicht? Was würde geschehen? Genau, der Motor würde seinen Geist aufgeben – sehr viel früher als nötig. Und dasselbe blüht auch uns, wenn wir uns minderwertige „Mittel zum Leben" verabreichen.

Wir sollten uns auch mehr Zeit für unsere Mahlzeiten nehmen. Wann haben Sie sich das letzte Mal ausgiebig dem Kochen gewidmet? Mit frischen Zutaten gekocht? Mit viel Liebe zubereitet? Für sich und liebe Menschen, mit denen Sie dann gemeinsam mit viel Zeit gegessen haben? Ohne Zeitdruck? Das gemeinsame Essen ist ja mehr als nur Nahrungsaufnahme. Es ist eine Feier. Eine Feier von Gemeinschaft. Es ist eine bewusste Auszeit im Alltag, an der sichtbar wird, dass man ein soziales Wesen ist. Das gemeinsame Essen ist sehr oft die einzige Gelegenheit des Tages, wo man gemeinsam Zeit verbringen kann. Wo man miteinander redet und zuhört. Wenn Sie Familie haben, führen Sie fixe gemeinsame Mahlzeiten als Fixpunkte ein. Einmal am Tag, vielleicht abends, oder zumindest am Wochenende. Mit schönem Gedeck. Solche Rituale tun gut und stärken das Familienleben. Wenn Menschen nicht mehr miteinander essen können, dann können sie auch sonst nicht mehr gut miteinander. Das gemeinsame Essen fördert auch die Empathie und Aufmerksamkeit. Kann ich dem anderen das reichen, was er braucht? Noch bevor er es vielleicht ausspricht. Darf ich nachschenken? Empathie-Übung auf schmackhafte Art.
Wenn Sie alleine leben, dann machen Sie das Essen auch zu einem Fest für sich. Verzichten Sie beim Essen auf das Fernsehen. Versuchen Sie es einmal mit Hintergrundmusik – am besten mit „leicht verdaulicher". Zum Beispiel mit klassischer Musik. Es gibt sogar eigens zusammengestellte „Tafelmusik". Tolle Sache! Also dann: Guten Appetit!

Tipp

Besser keine Reiz-Themen

Schwierige Themen sollte man beim Essen aussparen, da man nicht nur die Mahlzeit zu sich nimmt, sondern auch die Atmosphäre, die am Tisch herrscht. Die gemeinsamen Mahlzeiten sollen ja nicht schwer im Magen liegen …

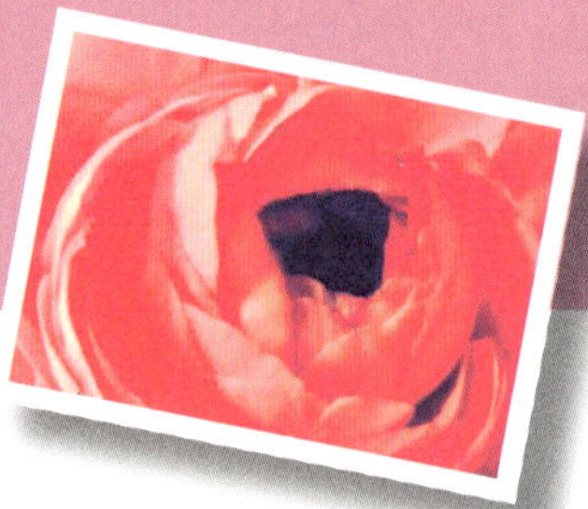

Herzensbildung

Immer wenn von Bildung die Rede ist, ob im Gespräch miteinander oder in Fernsehdiskussionen, dann geht es vorwiegend um die Bildung des Intellekts. Im Sinn von schulischer Bildung in Form von Wissensaneignung und Wissensvermehrung. Um das Erwerben von Kenntnissen und Fähigkeiten, die vor allem den wirtschaftlichen Erfolg im Fokus haben. Lern was Gescheites! Doch Bildung umfasst den gesamten Menschen in allen seinen Dimensionen. Dazu gehört nicht nur technisches und handwerkliches Wissen, sondern auch die Bildung der Persönlichkeit, das Aneignen von Weisheit, emotionales Wissen, soziale Kompetenz und Mitgefühl – es geht um die Bildung des Herzens. Dafür gibt es in der Schule leider noch kein Unterrichtsfach. Unsere Bildung ist kopflastig. Der Kopf wird schwer, das Herz bleibt leer. Ideal wäre ein Gleichgewicht zwischen Kopf und Herz. Wenn man von „Herzensbildung" redet, wird man meist schief angeschaut, und viele fragen, wozu das denn gut sei. Bringt doch nix, davon kann man sich nichts kaufen. Fast könnte man meinen, man lebe in einer herzlosen Gesellschaft. Aber so ist es zum Glück nicht. Die Herzensbildung wird langsam, aber sicher doch Thema, wenn es um die Ausbildung von Menschen geht. Immer mehr Unternehmen sehen ein, dass neben fachlicher Kompetenz auch soziale Talente und Fertigkeiten genauso wichtig sind, um einen Konzern erfolgreich zu führen oder um eine gute Teamarbeit auf die Beine zu stellen. Auch um nachhaltig und verantwortungsbewusst zu wirtschaften. Vielleicht könnte man in Zukunft in der Schule Herzensbildung unterrichten. Man könnte unsere älteren und kompetenten Mitmenschen einladen, die Jungen an ihren Lebenserfahrungen teilhaben zu lassen und ihnen die Essenzen eines glücklichen und geglückten Lebens näherbringen. Generationenübergreifendes Lernen. Ein bis zwei Stunden die Woche. Oder man verwendet gleich ein Jahr der Schulausbildung für die Herzens- und Persönlichkeitsentwicklung, aufgeteilt in praktische und theoretische Einheiten. Soziale Praktika als Teil der allgemeinen Schulpflicht. Aber wir alle können auch selbst viel für unsere Herzensbildung tun. Man kann verschiedene Kurse belegen zum Thema „Persönlichkeit", meditieren, einem Literaturklub beitreten oder einfach nur mehr lesen, was der Seele guttut.

Ein offenes Herz

Seelen Kraftwerk

Wann haben Sie das letzte Mal etwas für Ihre Herzensbildung getan?

....

Was war das?

....

....

Von wem haben Sie bis jetzt am meisten Lebensweisheit und Herzensbildung gelernt?

....

....

Glauben Sie, dass von Ihnen schon jemand etwas in Sachen Herzensbildung abschauen konnte?

....

Wenn ja, was könnte das gewesen sein?

....

....

Welche Lebenssituationen waren es für Sie, in denen Sie eine besonders intensive Herzensbildung erleben durften?

....

....

....

....

Sorry

Versöhnung

Man sagt, dass man sich nie unversöhnt und voller Groll und Zorn schlafen legen sollte. Wie oft sind Sie aber trotzdem schon so zu Bett gegangen? Ich schon sehr oft. Und viele Nächte waren genau deshalb schlaflos. Ewig schade drum. Und viele Ursachen dafür hätte man sich sparen können. Wenn man etwas versöhnlicher wäre. Vieles, was zum Unversöhnt-Sein mit anderen führt, hat seine Wurzeln in einem selbst. Wenn wir jemanden nicht mögen, dann entdecken wir am Gegenüber etwas, das wir an uns auch ablehnen. Ein Verhalten, eine Gewohnheit, einen Lebensstil. Wenn mich Stolz, Eitelkeiten oder Bösartigkeiten des anderen zutiefst stören, dann bin ich vielleicht selber auch so. Wenn es so ist, dann verwundert es nicht, dass man beim Anblick solcher „Typen" heißläuft. Das tut weh.

Bevor man sich mit anderen versöhnen kann, steht die Versöhnung mit sich selbst an. Wenn man mit sich selbst im Clinch liegt, ist man unversöhnt. Ist man mit sich selbst unversöhnt, dann ist man auch mit anderen unversöhnlich. Um des eigenen Seelenfriedens willen ist es an der Zeit, sich selbst die Hand zu reichen und sich mit sich und seinem So-Sein und seinen Lebensumständen zu versöhnen.

Das ist oft nicht leicht. Denn zahlreich sind die Gründe, warum man es nicht auf Anhieb schafft. Eigene Schwächen, die einen nerven, Lebensumstände, die den eigenen Wunschvorstellungen so gar nicht entsprechen. Man hat oft das Gefühl, das Leben zu haben, das man nicht mag und vermisst das Leben, das man gerne hätte. Was für ein Frustdilemma tut sich da auf! Man sucht überall und bei jedem die Schuld dafür und macht alles und jeden verantwortlich, weil man das eigene Glück nicht finden darf. Vor allem sich selbst macht man dafür verantwortlich. Man hält sich für unfähig oder unwürdig, glücklich zu sein. So ist die Lebensfreude bald im Eimer. Wenn man aggressiv dagegen ankämpft, verhärtet sich unser Unglück. Man ist gefangen im Kreis des ewig gleichen Leidens. Ein probates Mittel dagegen ist die Versöhnung. Anschauen, akzeptieren, loslassen und Verwandlung geschehen lassen. Solange man vor seinen Unversöhntheiten davonrennt, werden sie einem immer auf den Fersen bleiben. Vor sich selbst kann man nicht davonlaufen. Überall, wo Sie hingehen, nehmen Sie sich selbst immer mit. Mutig sein, stehen bleiben, sich seinem Selbst stellen. Früher oder später werden Sie versöhnt sein mit sich und auch mit den Menschen, an denen Sie sich vorher fast aufgerieben hätten. Ein tolles Lebensgefühl, glauben Sie mir, ich spreche aus Erfahrung! Wenn Sie mit anderen Menschen in Streit liegen, dann ist auch dort Versöhnung ein heilender Weg, seinen Frieden mit sich und dem anderen zu finden. Denn unversöhnliche Menschen sind sehr einsame Menschen. Meist steht uns unser Stolz im Weg, den ersten Schritt zu machen. Man möchte schließlich sein Gesicht nicht verlieren und als „Schwächling" dastehen. Aber verlieren Sie ruhig Ihr unversöhnliches Gesicht, denn dahinter wartet ein lächelndes und zufriedenes darauf, in die Welt schauen zu dürfen.

Wie steht's bei Ihnen um die Tugend der Versöhnung?

Sind Sie ein versöhnlicher Mensch?

Womit versöhnen Sie sich schwer?

Mit welchen Seiten in Ihnen sollten Sie sich aussöhnen?

Mit welchen Menschen steht noch eine Versöhnung aus?

Warum konnten Sie es bisher noch nicht?

... rrrrr

Lebenskunst zum Schmusen & Streicheln

In diesem Augenblick habe ich einen Kater. Nein, Sie denken jetzt in die verkehrte Richtung! Nicht so einen Kater, den man hat, wenn man am Vortag zu wenig Blut im Alkohol hatte, sondern einen echten Kater aus Fleisch und Blut mit einem weichen Kuschelfell. Ich habe derzeit das große Vergnügen, Kater Maxi zu umsorgen. Ich darf sein persönlicher Butler sein. Aber wer sorgt hier für wen? Jedes Mal, wenn ich mit Maxi Zeit verbringe, habe ich das Gefühl, dass er sich um mich kümmert. Er erzählt mir dabei sehr viel über die *Ars Vivendi*

– die Kunst des Lebens. Schnurrende Unterweisungen in Sachen Daseinsfreude. Köpfchen reibend dargebracht. Unsere Schmusetiger sind nicht nur herzerweichende Charmeure, sondern auch sehr weise. In vielen Kulturen gelten sie als mystische, ja heilige Wesen. Ein altes Sprichwort sagt sinngemäß: „Wer in die Augen einer Katze schaut, dem eröffnet sich das Universum." Was können wir uns von unseren Kuschel-Mystikern abschauen? Von ihrem Verhalten uns gegenüber sehr viel. Katzen achten im Umgang mit uns nicht auf Besitz und gesellschaftlichen Rang. Egal, ob reich oder arm, krank oder gesund, jung oder alt. Sie mögen uns aufgrund unseres Wesens. Das Sein steht vor dem Haben. Und in Sachen „Sein" sind Katzen wahre Meister – im DASEIN. Sie leben vollkommen im Jetzt und Da, im gegenwärtigen Augenblick. Ganz anwesend und ganz bei Ihnen. In hingebungsvoller Achtsamkeit genießen sie Daseinsglück und Lebensfreude. Katzen haben ein feines Gespür für Ausgeglichenheit. Bewegung und Muße, Aktion und Kontemplation gehen bei ihnen in samtpfotigem Gleichschritt. Kätzisches Yin und Yang. Katzen sind authentisch, lieben ohne Bedingungen und haben ein zartes Näschen für das ungeschminkte Leben. Sie sind selbstbewusst und setzen klare Grenzen. Ihr Nein ist ein Nein und ihr Ja ist ein Ja. Das erleichtert das Miteinander. Sie haben eine natürliche Intuition für das, was guttut. Ihnen selbst und ihren menschlichen Freunden. Sie spenden Trost, heilen uns von Einsamkeit und beruhigen aufgewühlte und ängstliche Gemüter. Ihr Schnurren erzeugt Geborgenheit, das Gefühl von Angekommen-Sein und heilsame Alpha-Wellen in unseren Köpfen. Das sollten auch wir Menschen uns gegenseitig antun. Seien Sie so oft als möglich des anderen Menschen Katze/Kater. Mit Ihrem Dasein und mit Ihrem „Schnurren" – sprich: mit Worten. Seien Sie wohltuend für Ihre Umgebung.

Und leben Sie

M(ehr) **I**(m) **AU**(genblick)!!!

Zu-Grunde-Gehen

Ich liebe Bücher. Deshalb war ich heut wieder einmal in einer Buchhandlung. Ich schlenderte vorbei an den langen, hohen Bücherregalen. Schmökerte neugierig die Klappentexte von Romanen, Sachbüchern und den neuesten Lebensratgebern. Zahlenmäßig sind solche Ratgeber in fast allen Buchläden die Nummer eins. Der Hunger nach Rat ist sehr groß. Denn jeder will wissen, wie man erfolgreicher wird, mehr Selbstvertrauen gewinnt, besser reden kann, seinen Mitmenschen schlagfertiger gegenübertritt, spirituelle Tiefen ergründen kann und sein Glück findet. Über das Thema „Glück“ gab es haufenweise Bücher im Angebot. Als ich in den verschiedenen Glücks-Büchern blätterte, stellte ich mir die Frage, warum wir immer glücklich sein wollen. Glücklich sein sollen. Ich habe das Gefühl, dass es mittlerweile nicht nur einen Glücks-Drang, sondern so etwas wie einen Glücks-Zwang gibt. Jeder muss glücklich sein. Mindestens gut drauf, Optimismus versprühend und voller guter Hoffnung und Zuversicht, wenn es mal nicht so gut läuft. Täglich begegnet man Zwangsoptimisten. „Kopf hoch!“, „Wird schon wieder!“, „Jede Krise ist auch eine Chance!“, „Reiß dich am Riemen und los geht's!“ Wer von uns kennt solche Rat-Schläge nicht. Solche und ähnliche Sprüche hat man sofort parat, wenn es darum geht, anderen Mut zu machen. Ich ertappe mich selbst immer wieder dabei. Solche Rat-Schläge können oft ganz schön wehtun. Vor allem dann, wenn es einem wirklich schlecht geht. Aber sofort muss es einem wieder besser gehen. Haben wir kein Recht darauf, unglücklich zu sein, down zu sein? Anscheinend nicht. Denn überall werden uns glückliche Menschen serviert. In der Werbung, auf Plakaten, in Illustrierten. Und schön sind die zudem auch noch allesamt. Da lastet auf einem Otto-Normal-Menschen sehr viel Druck. Glücks-Druck. Denn schließlich will man ja dazugehören. Zur Glücks-Society. Aber irgendwie passe ich da nicht dazu. Ich finde keinen Platz in dieser Glücks-Gesellschaft. Denn ich bin ab und an schon mal unglücklich und down. Und ich zweifle regelmäßig, bin quasi ein periodischer Zweifler. Dann zweifle ich an mir, am Leben und am sogenannten Glück. Ich bezweifle auch, ob man ohne das Kennen von unglücklichen Tagen das eigene Glück überhaupt sehen, empfinden oder benennen kann. Denn wenn es einem nur gut ginge und das Glück einen ständig küsste, dann wäre es mit der Zeit langweilig und selbstverständlich. Das Glück würde uns dann unglücklich machen. An vielem im Leben kann man sogar verzweifeln. Oft zugrunde gehen. Das Zu-Grunde-Gehen ist super. Man geht zum Grund. Man geht seinem eigenen Grund entgegen. Man steigt hinunter und ist dann unten, down. Down sein. Unten, auf seinem innersten Seelengrund. Und auf dem Grund seines Ver-Zweifelns, seines Unglücklich-Seins. Dort unten kann und braucht man nicht mehr davonzulaufen. Da darf man diesen Gründen ins Auge schauen, und man erfährt dabei heilsame Einsichten. Was kann ich tun, damit sich meine Verzweiflung auflösen und ich Glück in mein Leben lassen darf? Was hindert mich an meinem persönlichen Glück? Denn dort unten, auf meinem Seelengrund, sehe ich, erfahre ich, was mich ausmacht, wer ich bin und was mich auch wirklich glücklich macht. Dort unten bin ich an meiner Quelle, aus der ich Zufriedenheit trinken kann. Niemand quatscht mir drein, und niemand redet mir was ein. Denn jeder Mensch ist einzigartig, und so trägt auch jeder Mensch seine ganz persönlichen Glücksvoraussetzungen in sich. Ich glaube nicht an eine allgemeine Glücksformel nach dem Motto: „Lebe so, dann bist du glücklich!" Glück ist ein Schatz, den man finden darf. Am Grund, in den Tiefen seines Wesens. Dann steigt man gestärkt wieder nach oben. Und verändert. Positiv verändert. Ich war schon oft unten am Grund. Habe dabei viel gelernt. Aber ich vermute, ich werde noch öfter dahinunter steigen müssen. Um Neues zu heben.

Und Sie? Wie oft sind Sie schon Zu-Grunde gegangen? Welche Ursachen haben Sie dorthinunter geführt? Was haben Sie in Ihren Tiefen gefunden?

DAS FORREST-GUMP-PRINZIP:

Nur wer loslässt, hat zwei Hände frei!

Mein Forrest-Gump-Prinzip

„Das Leben ist wie eine Schachtel Pralinen, man weiß nie, was man kriegt." Jeder, der den Film *Forrest Gump* kennt, kennt auch diesen Satz. Ein weiser Spruch, denn unser aller Leben ist immer wieder voller Überraschungen und wartet mit vielen verschiedenen Geschmacksrichtungen auf. Forrest Gump greift sehr oft in die Pralinenschachtel des Lebens. Er wird als „Zurückgebliebener" bezeichnet. Das hat einen unguten Beigeschmack. Denn wer will das schon sein? Forrest Gump ist es. Er ist dort geblieben. In vielen Bereichen seines Tuns und Denkens. Wo dort? In seinem inneren Kind-Sein, das man in der Regel auf dem Weg zum „reifen" Erwachsenen abstreift und wegwirft. Wie einen alten Mantel. Forrest Gump sieht die Welt und das Leben so, wie auch ich es gerne öfter tun würde. Entspannter und gelassener. Loslassender. Forrest ist authentisch und unmittelbar. Er hat ein untrügliches Gespür für den richtigen Zeitpunkt im Leben – den *kairos*, wie die alten Griechen dazu sagten. Es ist das intuitive Wissen um die richtige Zeit für etwas. Wann etwas getan oder gelassen werden muss. So legt Forrest Gump von einem Augenblick auf den anderen seinen Tischtennisschläger aus der Hand und geht weiter. Obwohl er ein erfolgreicher Spieler ist und gut verdient. Kein Gedanke daran, was er alles aufgibt oder was er noch alles erreichen könnte. Diese Zeit ist für ihn vorbei, sie hat sich erschöpft. Zeit für Veränderung. So ist es auch bei seinem Lauf quer durch Amerika. Er erkennt für sich die richtige Zeit zum Loslaufen und dann auch wieder die zum Aufhören. Alles hat seine Zeit. Etwas Kluges darüber steht auch im Alten Testament: „Alles hat seine Stunde. Für jedes Geschehen unter dem Himmel gibt es eine bestimmte Zeit … Eine Zeit zum Weinen, eine Zeit zum Lachen … eine Zeit zum Pflanzen und eine Zeit zum Abernten der Pflanzen …" (AT,

Buch Kohelet, 3. Kapitel). Forrest Gump erkennt intuitiv, dass man Dinge loslassen muss im Leben, damit man nicht erstarrt und sich festfährt. Er beendet sein Laufen, damit sein künftiger Lebens-Lauf weitergehen kann. Wie viele Menschen bleiben im Gewohnten, obwohl sie spüren, dass dies der absolut falsche Weg für sie ist? Geht es Ihnen auch so? Forrest Gump trägt das Loslassen-Können bei all seinen Tätigkeiten in sich. Er verfolgt seine Ziele voll konzentriert, mit Zielstrebigkeit, mit Ehrgeiz und mit der richtigen Portion Leidenschaft. Er strebt dabei weder nach Ruhm, Reichtum oder Akzeptanz seiner Mitmenschen. Auch nicht nach dem großem Erfolg. Er hängt sein Herz nicht daran, ist aber mit dem Herzen dabei. Wenn er Dinge besitzt, dann ist es so, als besäße er sie nicht. Jederzeit kann er alles aus der Hand geben. Ohne Groll, ohne Trauer und ohne Angst. Er spürt, dass alles in unserem Leben nur geliehen ist. Unser Erdenleben lang. Besitz, Zeit, Liebe, Erfolg und all das andere, auf das man sich etwas einbildet. Forrest Gump ist anderen ein wahrer Freund. Er lässt andere an seinen Träumen und an seinen

Erfolgen teilhaben. Da ist kein Platz für Neid, Eifersucht oder für die Angst, selbst zu kurz zu kommen. Er übersieht auch die verschiedenen Nöte seiner Mitmenschen nicht. Wenn er jemandem Gutes tut, dann erwartet er keine Gegenleistung dafür, nicht einmal Dank. Er hängt es nicht an die große Glocke. Wenn man solche Eigenschaften nur einem „Zurückgebliebenen" zuschreiben kann, dann wünsche ich mir mehr Zurückgebliebene. Dann wünsche ich mir eine gewisse „Forrest-Gumpisierung" im gegenseitigen Miteinander. Wie viel Forrest Gump steckt in Ihnen? Wie viel davon können Sie zulassen?

PS: Eine Ergänzung zum Kapitel über das Meditative Laufen: Sie können einen „Forrest-Gump-Lauf" machen. Nein, nicht quer durch Amerika! Aber das absichtslose Laufen unter diesen Gesichtspunkt stellen – aus Freude an der Bewegung und weil Sie laufen wollen und es auch können. Tun Sie es und lassen Sie dabei auch wieder los: alles Leistungsdenken, alle Selbstquälerei. Laufen aus Freude am Leben. Einfach nur so.

Die Grenzen der Seele
wirst du nicht finden,
auch wenn du alle Wege
durchwanderst.
So tiefen Grund hat sie.

Heraklit

Nostalgie-Kick: ein Engel und eine kleine Farm

Es gibt Zeiten, da werde ich wieder zu einem urzeitlichen Menschen und setze mich ans Lagerfeuer. Ans Hightech-Lagerfeuer. Vor den Fernseher. Ich habe einmal gelesen, dass das Flimmern des Fernsehers uns Männer an das Flackern des Lagerfeuers erinnert, um das wir als Urzeit-Ötzis gesessen sind. Da regt sich eine archetypische Nostalgie. Und nostalgisch wurde ich auch, als ich mich wieder einmal diesem Starren hingab. Als ich je eine Folge von zwei Serien anschaute, die in meinen Kindertagen und meiner Teenagerzeit liefen: *Unsere kleine Farm* und *Ein Engel auf Erden.* Beide mit dem unvergesslichen Michael Landon in der Hauptrolle. Mit einem Klick mitten in einen Nostalgie-Kick. Nostalgie kann uns beflügeln. Sofern man nicht darin badet, alten Zeiten nachtrauert und nachjammert. Das wäre ein Nostalgie-Knick, der einen niederdrückt und traurig macht. Nostalgie kommt aus dem alten Griechenland, von *nostos* (Heimat) und *algos* (Schmerz). Grob gesagt heißt es „Heimweh". Das kennt jeder in irgendeiner Form. Nostalgie ist Heimweh nach dem Vergangenen. Das, was wir als schöne Erfahrungen und Erlebnisse auf unserer Erinnerungsfestplatte abgespeichert haben. In diesem Fall ist Nostalgie auch ein wenig schmerzhaft, aber es ist ein angenehmer Schmerz, ein süßer Schmerz sozusagen. Als ich mir *Unsere kleine Farm* und *Ein Engel auf Erden* zu Gemüte führte, da saß plötzlich wieder der junge Michael vor dem Fernseher. Der Teenager mit all seinen Träumen von damals, mit seinen Zielen vor Augen, seinen Wünschen und Hoffnungen. Der Michael mit seinem Tatendrang, seiner jugendlichen Risikobereitschaft, seiner Neugier auf das Unbekannte, seinem Idealismus und seinem Glauben an das Gute im Menschen und in der Welt. Mit seiner Alles-ist-möglich-Einstellung und seinem Faible für alles Fernöstliche. Mit dem nötigen Schuss *Coolness* an neue Herausforderungen heranzutreten und neue Wagnisse einzugehen. Es war eine schöne Zeitreise, die ich in diesem Moment machte. Ich spürte den Energie-Kick, meinen persönlichen Nostalgie-Kick. So gesehen kann Nostalgie ein Aufrütteln sein. Ich überlegte mir, welche Eigenschaften meiner jüngeren Tage ich heute noch so habe und umsetze. Was habe ich verloren, was gegen anderes eingetauscht? Wagemut gegen ein ängstliches Sicherheitsdenken? Beim Nachdenken darüber musste ich diese Frage in einigen Bereichen mit einem klaren „Ja" beantworten. *Coolness?* Könnte noch etwas mehr da sein. Wie sieht es bei Ihnen aus? Wenn Sie eine Nostalgiereise machen, wie viel ist von Ihrem positiven früheren Ich noch da? Welche guten Energien? Versetzen Sie sich zurück in Ihre Jugend und spüren Sie diesen guten Gefühlen nach. Vielleicht mit einer Reisebegleitung. Einem Film oder einem Lied von damals. Oder einer Nostalgie-Speise. Das Aufspüren schöner und motivierender Erinnerungen aus der Vergangenheit verschafft uns an Tagen, wo man wieder mal durchhängt, einen aufbauenden Kick – einen Nostalgie-Kick. So gesehen ist die Nostalgie *Unsere kleine Farm*, in der wir uns zurückziehen und erholen können, und sie ist *Ein Engel auf Erden,* der uns wieder neuen Schwung und neuen Mut verleiht. Ich habe nach meinen Nostalgie-Fernsehserien meine Laufschuhe angezogen, da ich zu der Zeit, als ich die zwei Serien das erste Mal gesehen habe, mit dem Laufen begonnen habe. So gesehen war es ein Nostalgie-Lauf.

Mit einem Hauch von „Nix"

… habe ich heute das Haus verlassen. Nein, ich bin kein passionierter „Flitzer" vor dem Herrn. Doch irgendwie war ich schon nackt. Geistig-seelisch halt. Mit dem „Nix" bekleidet. Zumindest unter meinem Arm habe ich es mit mir mitgetragen. Das ist anfangs gar nicht so leicht, da mache ich Ihnen nichts vor. Denn am liebsten verbringen wir unsere Zeit mit dem „Etwas". Das gibt „Sicherheit". Man muss immer etwas tun, reden, denken. Nur nicht nix. Schließlich muss immer etwas los sein und weitergehen. Das „Nix" ist in der Welt des „Etwas" ein verdächtiges Bürschchen. Es ist ein Störenfried, es riecht nach Faulenzerei. Es erzeugt ein unangenehmes Gefühl. Aber mit meinem „Nix" meine ich nicht, dass man seine Hände in den Schoß legt und bis zum Sankt Nimmerleinstag Däumchen dreht. Mein „Nix" ist ein aktives und fordert einen ganz schön heraus. Es integriert sich in unser tätiges Tagesdasein, blockiert dieses nicht – im Gegenteil – und verändert unseren Blick auf uns, die anderen und unsere gelebten Augenblicke. Es fordert und fördert und hinterfragt. Starten Sie in Ihren Tag mit der Grundhaltung des „Nix". Gleich am Morgen, nach dem Erwachen. Denn da erfolgt der Kaltstart unserer Gedankenmaschinerie, die von da an unaufhaltsam losrattert. Meist sind es Gedanken, die den künftigen Tag betreffen. Was muss ich heute tun? Welche Termine müssen abgehakt werden? Wann muss ich wo und mit wem sein? Viele dieser Gedanken sind geprägt von Sorgen, Ängsten, Stress, Ablehnung. Oft denkt man auch, was einem an diesem Tag widerfahren könnte. Auch diese Gedanken sind meist alles andere als zuversichtlich. Beginnen Sie Ihren neuen Tag mit dem „Nix". Ihrem „Nix". Erwarten Sie nichts. Befürchten Sie nichts. Ängstigen Sie sich vor nichts. Begehren Sie nichts. Treten Sie mit einer neutralen und gelassenen Grundeinstellung an den Tag

heran. Urteilen Sie über niemanden. Lassen Sie vorschnell gefällte Urteile über Mitmenschen beiseite. Nehmen Sie andere an, wie sie kommen und wie sie sind. Sie möchten von anderen doch auch so behandelt werden. Bewerten, beurteilen und verurteilen Sie andere nicht. Sich selbst auch nicht. Seien Sie heute so, wie Sie nun mal sind. Mit allen Ecken und Kanten und was Sie sonst noch so an sich stören mag.
Urteilen Sie auch nicht über die verschiedenen Ereignisse Ihres Tages, nehmen Sie ihn so an, wie er daherkommt. Mit allen guten und auch weniger guten Seiten. Erwarten Sie von anderen keine Anerkennung und keinen Dank. Dann sind Sie nicht enttäuscht oder frustriert, wenn da nichts kommt. Und Sie freuen sich dann aufrichtig, wenn mal was kommt. Damit macht man sein Befinden weitgehend unabhängig vom Außen. Das „Nix" hilft beim Loslassen von der Gier, beim Loslassen von Ängsten, Zweifeln und Verzweiflung. Es befreit von belastendem An-Haften an ... Wenn Sie sich vom „Nix" wegbewegen und wieder auf das allmächtige „Etwas" zusteuern, dann werfen Sie einen Hilfsanker aus. In solchen Situationen sagen Sie ein lautes „NIX!" Wenn Sie sich dabei ertappen, dass Sie wieder im Begriff sind, über den Fahrstil Ihrer Vorderfrau oder Ihres Vordermanns zu fluchen wie ein Rohrspatz, dann „nixen" Sie sich. Das versetzt Sie wieder in eine entspannte Gelassenheit. Das „Nix" hilft dabei, sich nicht sooo wahnsinnig ernst zu nehmen. Das tut gut. Es lässt Raum für Veränderungen, die man mit einer verbissenen Ernsthaftigkeit vielleicht übersehen hätte. Es lässt Chancen zu. Vielleicht die Chance Ihres Lebens. Wie viele sind möglicherweise schon verstrichen? Weil wir das „Nix" nicht ernst genommen haben?
Lassen Sie den heutigen Tag mit all seinen Inhalten einfach laufen, ohne ihn ständig zu kommentieren oder mit Gewalt zu „verbiegen". Wie er heute ist, so ist er gut. Beobachten Sie, wie es Ihnen mit Ihrem „Nix" so geht, was sich verändert. Es muss nichts Spektakuläres zutage treten. Kann ganz leise passieren. Großes passiert still. Und das „Nix" ist etwas Stilles.

Honigsüßer Erntedank

Heute Morgen hauchte mir ein schmackhaft süßes Honigbrot neue Lebensgeister in meine schlaftrunkenen Glieder. Beim Hineinbeißen musste ich an die unzähligen Bienchen denken, die sich für meinen Löffel voll Genuss ganz schön ins Zeug legen mussten. Ich ernte-danke euch, liebe Bienenvölker. Für euer süßes Gold, für den heilsamen Propolis, das Wachs, das wundersame Gelée Royale und das Bestäuben der Blüten, ohne die wir früher oder später nichts mehr zu ernte-danken hätten. Jedes Jahr, wenn es draußen wieder zu herbsteln beginnt, begeht man vielerorts Erntedankfeste. Eigentlich könnte man täglich einmal einen Ernte-Dank aussprechen. In einer Überflussgesellschaft nichts Selbstverständliches. Dank für die Früchte der Wiesen, Äcker und Bäume. Dank für die fleißigen Hände, die diese Ernten einfahren. Erntedank wertschätzt und respektiert die Natur. Und unsere Lebensmittel. Erntedank bietet der sinnlosen Verschwendung die Stirn. Keine Vernichtung von Überschussproduktionen, um den Preis zu halten. Lieber sollte man sie denen geben, die nicht einmal das Nötigste zum Essen haben. Wie viel genießbare Produkte werden täglich auf den Müll gekippt! Von den großen Supermarktketten. Und von Ihnen? Da kommt man schon ins Grübeln. Erntedank ist nicht nur etwas für Landwirte und Hobbygärtner. Denn wir fahren täglich und überall Ernten ein. Die Ernte unseres Berufs. Nicht nur die beliebten und notwendigen Moneten. Sondern auch Freude am Tun, Kundenzufriedenheit, das Gefühl von Sinn und Erfüllung an dem, was man tun darf. Die Ernte einer netten Kollegenschaft und eines menschlichen Arbeitsklimas. Die Ernte von guten und wahren Freundschaften. Wohltuende und erfüllende Liebesbeziehungen und Ehen. Man kann auch gewisse Haltungen und Lebenseinstellungen geerntet haben: Glück, Zufriedenheit, Lebensfreude, Mut, Courage, Mitgefühl. Man kann auch verschiedene Talente geerntet haben. Danken darf man auch für die Ernte guter Lebensumstände. Für Geborgenheit, für Familie, Frieden und Gesundheit. Für welche Ernten dürfen Sie dankbar sein? Haben Sie sich dafür schon einmal bewusst bedankt? Es gibt unter uns Menschen auch so reife Seelen, die bedanken sich auch für weniger Schönes und für Leidvolles in ihrem Leben und dafür, was sie daraus lernen durften. Dass sie daran reifen konnten. Gehören Sie dazu? Zu Beginn aber reicht es vollkommen, wenn man für seine guten Ernten dankt und sie nicht als etwas betrachtet, das einem sowieso zusteht. Wer seinen Blick dafür schärft, wofür er dankbar sein kann, der wird immer mehr davon entdecken. Erntedank reduziert unser tägliches Murren. Unser Murro-Meter kann oft ganz schön weit ausschlagen. Klitzekleines wird zu einem großen Drama. Wie viele Mäuse machen Sie täglich zu Elefanten? Die Dankbarkeit verringert den Zeigerausschlag unseres Murro-Meters ganz ordentlich. Ernten sind natürlich auch davon abhängig, was man zuvor aussät. Wenn Sie mit einigen Ernten in Ihrem Leben nicht glücklich sind, dann kann es am „Saatgut" liegen, das Sie auswerfen. Wenn ich mit ernster Miene durch die Gegend laufe, dann werde ich selten bis nie ein Lächeln ernten.

Tun

Lächeln ernten

Gleich mal ausprobieren. Heute und jetzt. Den anderen anlächeln und dafür Lächeln ernten. Werden Sie zum Erntehelfer des Lächelns und eines wohltuenden Alltags. Gute Aussaat bringt eine gute Ernte. Da zahlt sich eine gewisse Achtsamkeit schon aus. Denn wir säen täglich sehr viel aus: Gedanken, Worte, Taten.

„Du Idiot!"

Neulich zappte ich wieder einmal durch die Radiolandschaft. Auf der Suche nach interessanten Sendungen und schöner Musik. Es dauerte nicht lange, da hüpfte mir ein sehr eindringlicher Refrain in meine Lauscher. „Du Idiot!", gesungen von Matthias Reim und der bezaubernden Michelle. Vorsicht! Ohrwurmpotenzial! „Du Idiot!" hört man auch sehr oft im alltäglichen Miteinander. Da ein Schlager, dort ein Schlag ins Gesicht. Oft ist man Adressat. Wie oft aber Absender? „Du Idiot!" Hinausgeschleudert voll Wut und selbstgefälliger Arroganz. Der Idiot-Empfänger würde dem Idiot-Absender am liebsten an die Gurgel gehen. So ging es auch mir. Bis ich im zweiten Bildungsweg mein Abitur nachmachte und Altgriechisch lernen durfte. Seither empfinde ich „Du Idiot!" als Kompliment. *„Idiot als Kompliment? So ein Idiot!"*, höre ich Sie denken und bedanke mich bei Ihnen! Der griechische *Idiotes* war ein einfacher Mensch, der keine politischen Ämter innehatte und eher sein eigenes „Ding" durchzog. Ein Eigenbrötler – könnte man sagen. Aber was ist daran auszusetzen? Als Idioten bezeichnen wir in der Regel Menschen, die nicht in unsere Vorstellungswelt passen. Die anders sind als Sie, als ich. Die anders denken und leben. Außenseiter. Oft nennt man andere „Idioten", weil sie uns einen Spiegel vorhalten. Wir entdecken etwas an ihnen, das wir an uns auch nicht mögen. Oder wir sehen etwas in ihnen, das wir auch gerne sein, tun und wagen würden. Uns aber nicht trauen. Deshalb nennen wir sie „Idioten“. Denn einem Idioten will man ja nichts nachmachen. Auch so kann man persönliches Wachstum von sich weisen. Viele „Idioten“ haben die Welt positiv verändert. Ich kann mir gut vorstellen, dass einem jungen Thomas Edison sehr oft gesagt wurde, er sei ein Idiot, als er seinen Erfinder-Träumen hinterherlief. Oder einem Siddhartha Gautama, der ewig lange unter einem Feigenbaum saß und schließlich als Buddha aufstand. Ich denke auch an einen Patch Adams, der meint, das Lachen sei Medizin. Was werden viele Kollegen wohl anfangs über ihn gesagt haben? Wenn die Genannten alle Idioten waren und sind, dann kann ich nur sagen: „Mehr Platz für Idioten!“ Wenn Sie das nächste Mal jemanden einen Idioten nennen, dann denken Sie daran, dass Sie diesem Menschen gerade ein sehr schönes Kompliment gemacht haben könnten!

Idioten-Liste

Seelen Kraftwerk

Wie viele andersdenkende Menschen kennen und schätzen Sie? Einfach mal aufschreiben. Welchen Spiegel halten sie Ihnen vor? Was mögen Sie denn da nicht?

Der Sommer schenkt Langsamkeit

Ich weiß nicht, wie es Ihnen geht, aber im Sommer führe ich am allerliebsten ein „Schatten-Dasein". Die brütende Sommerhitze war bislang nicht so mein Ding. Aber ich mag etwas anderes am Sommer sehr gerne: sein Wesen. Der Sommer ist ein sehr gemächlicher Typ. Ruhig, gelassen – und er hat einen Mut, den die allermeisten von uns nicht haben – den Mut zur Langsamkeit. Meister Sommer bringt ihn uns näher. Keiner vermag das besser zu tun. Wenn die Quecksilbersäule wieder weit über 30 Grad Celsius klettert, werden unsere alltäglichen Hochgeschwindigkeiten deutlich heruntergebremst. Unsere Schritte und Lebenstempi werden deutlich langsamer. Die meisten versuchen dagegenzuhalten, aber ohne Erfolg. Kämpfen Sie nicht! Werden Sie selbst zum Sommer. Zelebrieren Sie sein innerstes Wesen – die Langsamkeit. Nun werden Sie sagen: „Langsamkeit? Da geht ja nichts weiter, Tagträumer Michael!" Tagträumer: Ja, bin ich. Da geht nichts weiter: Da muss ich widersprechen. Das Gegenteil ist der Fall! Langsamkeit meint nicht, dass man herumtrödelt und seine Zeit totschlägt. Vielmehr heißt es, dass man das, was man tut, mit Bedacht tut. Und was man mit Bedacht tut, das tut man liebevoller und konzentrierter. Arbeiten, Freundschaften pflegen, leben, lieben. Die Konzentration fördert ihrerseits wieder die Genuss-Fähigkeit. Sommer ist Genusszeit. Urlaubs- und Ferientage beschenken uns vermehrt mit Freiraum dafür. Wirklich genießen kann man mit der inneren und äußeren Haltung der Langsamkeit.

Zwar verlängert die Langsamkeit nicht Ihre Zeit, aber Sie werden sie als gehaltvoller erleben. In der sommerlichen Langsamkeit erfährt man plötzlich Sinnsprüche wie „In der Ruhe liegt die Kraft" sonnenbraun-haut-nah. Werden Sie in der Langsamkeitskunst geübter, dann überlegen Sie sich in Zukunft öfter, womit Sie Ihre Langsamkeit verbringen wollen. Somit verschleudern Sie keine wertvollen Augenblicke. Die Langsamkeit ist nur scheinbar langsam. Schneller als jede Hektik der Welt lässt sie uns ersehnte Ziele erreichen. So wird sie zu einer Quelle von Zufriedenheit. Nicht nur im Sommer.

Womit wollen Sie Ihre Langsamkeit verbringen?

Seelen Kraftwerk

1. ....
2. ....
3. ....
4. ....
5. ....
6. ....
7. ....
8. ....
9. ....
10. ....

Das Wandern – der Gipfel der Zufriedenheit

Wenn mir mein Kopf wieder einmal zu schwer wird, dann stecke ich meine Füße in Schusters Wander-Rappen und gehe auf einen Berg. Sogleich zieht es mich förmlich zu meinen persönlichen Kraftorten. Einer meiner liebsten ist ein alter keltischer Kultplatz. Kult ist mittlerweile auch das Wandern. Beim Wandern kommt etwas in Gang. Man selbst und eine innere Entrümpelung. Die feine Brise der klaren Bergluft durchlüftet Kopf und Gemüt. Schritt für Schritt entfernt man sich vom hektischen Getrieben-Sein seines Alltags. Man geht durch die Natur und spürt so seine eigene Natur. Die Natur seines Mensch-Seins. Lässt man unterwegs seinen Blick ins Tal hinuntergleiten, dann erscheint einem alles viel kleiner. Nicht nur die Menschen, Häuser, Straßen, Bäche, Flüsse, Felder und Autos. Auch unser sorgenvolles Grübeln, unsere ängstlichen Erwartungen, unsere Zweifel, unsere Eitelkeiten und unsere aufgeblähten Egos.

Beim Wandern kommt man sich selbst ein Stückchen näher. Man geht vorwärts, und man geht in sich. Man kommt zu sich. Man hat Zeit für seine persönliche Inventur. Man wird zwangsläufig zu einem Wanderphilosophen. Auf der Wanderung begegnet man Fragen, die am Wegesrand warten und uns ein Stück weit begleiten wollen. Was schleppe ich alles in meinem Rucksack des Lebens mit mir herum? Was davon brauche ich wirklich? Welcher Proviant nährt mich tatsächlich? Was kann ich aus meinem Lebensrucksack herausräumen und loslassen? Was muss ich hinter mir lassen, damit mir bei meiner Lebenswanderung nicht vorzeitig die Puste ausgeht? Wie viel unnötigen Ballast trage ich so mit mir herum? Wohin führt meine Wanderung? Bin ich auf der Route, die mich zu meinem Ziel führt? Waren die Abkürzungen, die ich gegangen bin, wirklich Abkürzungen? Und die „Irrwege" wirklich welche? Oder haben gerade sie

mich auf meinen eigentlichen Weg geführt? Welche Gipfel möchte ich noch erwandern? Sofern mir noch die nötige Lebenszeit geschenkt wird, möchte ich noch einige anpeilen. Einen ganz besonders. Den Gipfel der Zufriedenheit. In „Zufriedenheit" steckt „Frieden" drinnen. Frieden mit sich selbst, der Welt, den Menschen und seinem Schicksal. Ich habe das Gefühl, dass ich bei jeder Wanderung diesem Gipfel ein wenig näher komme. Nämlich dann, wenn ich auf einem Berggipfel stehe: über mir der weite Himmel, vor mir ausgebreitet die wunderschöne Schöpfung. Und ich darf inmitten dieser Pracht Lebenszeit verbringen. Muss man da nicht Zu-FRIEDEN sein?

Der innere Friede hängt immer vom Menschen selbst ab: Der Mensch braucht zu seinem Glück im wahren Verstande nichts als ihn, und braucht, um ihn zu besitzen, nichts als sich.

Friedrich von Humboldt

Der vergessene Freund im Lavendel-Miniversum

Eines Tages schlenderten Kater Maxi und ich wieder mal durch den Garten meines Elternhauses. Er inspizierte sein Revier, und ich erfreute mich an diesem schönen Augenblick. Ich tat es meinem pelzigen Freund gleich und beschnupperte die mannigfaltige Pracht der Blumen und Kräuter. Dann geschah etwas Unerwartetes: Beim Lavendel traf ich einen alten Freund aus Kindertagen wieder. Hatte ihn schon lange nicht mehr gesehen, ewig nicht mehr an ihn gedacht und ihn so gut wie vergessen. In meiner Kindheit verbrachte ich sehr viel Zeit mit ihm, täglich war er mein Spielkamerad. Doch plötzlich stand er wieder vor mir. Einfach so, unangekündigt. Sein Name: das Staunen. Gemeinsam stiegen wir hinab in das Miniversum des Lavendels. Sein betörend guter Duft begrüßte uns und stieg mir tief in Nase und Seele. Reges Treiben auch auf und um ihn herum: Bienen, Hummeln und Schmetterlinge labten sich genüsslich an seinem süßen Nektar. Eine Spinne tüftelte akribisch genau an ihrem raffinierten Netz und wartete anschließend regungslos und mit stoischer Ruhe auf unachtsamen und leichtsinnigen Nahrungsvorrat. Ein Regenwurm flüchtete vor den heißen Sonnenstrahlen in die kühlenden Tiefen von Mutter Gartenerde. Ich sah auf die Uhr und konnte es nicht glauben: Eine Stunde war wie im Flug vergangen. Das Staunen hatte mich in seinen Bann gezogen. Das Staunen ist ein Beobachten ohne Vorurteile und ohne Erwartungen. Man staunt über das zu Bestaunende um seiner selbst willen. Man unterbricht den ständigen Zwang, alles zu benennen, zu analysieren, zu schubladisieren, zu bewerten. Staunen sagt: „Let it be!" Und lass es zu! Der Lavendel war in diesem Augenblick nicht der Lavendel, die Heilpflanze für dies und gegen das, mit diesen und jenen Inhaltsstoffen. Er war einfach ein lebendiges Gegenüber, das wahrgenommen werden möchte. Und ich griff nach ihm, um ihn zu be-greifen. Das Staunen ist Freude über die Vielfalt dessen, was ist. Es sagt, dass es gut ist, wie es ist.

Tun

Ein Quell des Staunens ...

Staunen Sie auch über sich selbst. Auch Sie sind staunenswert und gut, wie Sie sind. Und schön. Das Staunen macht dankbar und vertreibt den aufgeblähten Stolz und die arrogante Selbstverständlichkeit. Und es schenkt Freude. „Staunen nur kann ich und staunend mich freuen", so ein alter Liedtext. In diesem Sinn: Staunen Sie mal wieder!

Liebe hat kein Alter,
sie wird ständig geboren.

Blaise Pascal,

Wegwerf-Zeit

Meine Lieblingsuhr ist eine Swatch. Schwarz-weiß. Eigentlich war sie es. Vor zwei Tagen hat sie ihren Geist aufgegeben. Ihre Zeiger stehen nun für immer still. Inneres Uhr-Organ-Versagen. Reparatur? Fehlanzeige. Keine Ersatzrädchen mehr erhältlich. Sind es auch nie gewesen. Reparatur vom Hersteller war nie eingeplant. Was mir blieb, war das Wegwerfen. Eine Wegwerf-Uhr misst die Zeit in einer Wegwerf-Gesellschaft. Wie passend. Das Wegwerfen ist ein fester Bestandteil unseres Lifestyles. Produkte müssen billig produziert werden. Für die Qualität der Waren und eine menschenwürdige Entlohnung der Arbeitskräfte bleibt nicht viel Spielraum. Ist die Lebensdauer der Produkte verflogen, dann ab damit in die Tonne. Müllberge wachsen, und Plastik-Inseln gondeln über die Weltmeere unseres Plastik-Planeten. Die Mentalität des Wegwerfens umgreift auch das zwischenmenschliche Miteinander. Solange man am Arbeitsplatz etwas leistet und einbringt, ist es okay. Wenn man älter und langsamer wird, dann wird man in den vorzeitigen Ruhestand oder in die Arbeitslosigkeit entsorgt. Menschen werden auf eine Funktion reduziert. In der privaten Zwischenmenschlichkeit läuft es oft nicht anders. Was bringt mir dieser Kontakt, diese Freundschaft ein? An emotionaler Befriedigung, an Prestige, an Vorteilen? Nützt dieser Mensch meinem Netzwerk? Gerne befreundet man sich mit „wichtigen" Menschen – in der Hoffnung, dass ein wenig von deren Glanz auf einen selbst abfärbt. Erfolgreich, wohlhabend und vorzeigbar sollten die Freunde schon sein. Etwas zum Prahlen. Und wenn der Ehe- oder Lebenspartner plötzlich alt, krank oder langweilig wird, dann ergeht es diesem nicht viel anders als meiner ausgedienten Swatch. Ab damit! Neues muss her. Oft denke ich mir, es wäre schön und befreiend, wenn wir anderen Menschen mit einer Vorurteils-Blindheit begegnen könnten. Oder man beherzigt einfach den Rat des „Kleinen Prinzen" und sieht öfter mit seinem Herzen. Dann würde man die

freundliche Kassiererin im Supermarkt nicht nur als Funktions-Objekt wahrnehmen, sondern als menschliches Subjekt mit Würde, Hoffnungen, Sehnsüchten, Träumen und Wünschen. Genau wie Sie. Einer meiner Wünsche für die künftige Menschheit ist in ein Lied gegossen: „Ein Mensch möchte ich bleiben, und nicht zur Nummer möchte ich werden …" (Wolfgang Ambros, Austro-Pop-Legende).

Verborgene Schätze

Einem solchen begegne ich, wenn ich unter anderem Mathilde besuche. Im Altenheim. Ich kenne sie und viele andere noch aus meiner Zeit, in der ich als Pfleger dort gearbeitet habe. Mathilde ist so ein Schatz, und sie trägt einen solchen in sich. Einen Schatz bestehend aus Lebenserfahrung, aus Lebensweisheit und Lebensfreude. Sie erzählt mir immer wieder unzählige Storys aus ihrem bewegten Leben. Geschichten, die von Liebe handeln, von Glück, Zuversicht und Erfüllung. Aber auch von Schmerzen, Trauer, Abschied und Tränen. Es sind Geschichten, die die bunten Facetten eines gelebten Lebens widerspiegeln. Wenn man etwas übers Leben lernen möchte, dann sollte man regelmäßig ins Altenheim gehen. Bei diesem ersten Schritt lernt man schon etwas Schönes kennen: einsamen Menschen Freude zu schenken. Viele Menschen in Altenheimen fühlen sich einsam. Vielleicht sind Sie es ja auch – dann sind es zumindest zwei Menschen einige Augenblicke nicht mehr. Möglicherweise haben Sie Angehörige, die dort leben. Dann gehen Sie ruhig mal wieder hin, nicht nur zu Weihnachten und um Geburtstagsglückwünsche abzuliefern. Ich weiß, der Weg dorthin fällt oft schwer. Altenheime haben für viele Angehörige etwas Unangenehmes an sich. Weil man sich dort bedroht fühlt. Vom Alter. Das unweigerlich auf jeden von uns zukommt. Alter, Krankheit und Vergänglichkeit haben in unserer Anti-Aging-Sicherheitszone keinen Platz, sie dürfen keinen Platz haben. Man verdrängt sie. Das Resultat: Menschen, die verzweifelt versuchen, das Jungsein festzuhalten, und Botox-Einheits-Gesichter ohne Mimik, ohne Charisma, ohne Lebendigkeit. Stimmt einen sehr nachdenklich. Stattdessen sollte man das Aging in seinem Leben zulassen. Besuchen Sie das Alter. In den Seniorenheimen. Dort können Sie viel lernen. Dort stößt man auf konzentrierte Lebenserfahrung, an denen man Sie liebend gerne teilhaben lässt. Viele Senioren verfügen über einen heilsamen Humor und ein ansteckendes Lachen. Herr Leopold hat mir einen Spruch mitgegeben, an den ich heute noch oft denken muss, wenn mal was schiefläuft: „Kann man nix machen, umdrehen und lachen!“ Dort lernt man auch Mitgefühl, wenn man sich die Frage stellt: „Wie möchte ich gerne behandelt werden, sollte ich einmal in ein Altenheim kommen?“ Man lernt auch etwas über das Zuhören und dass uns nicht erst das tägliche Funktionieren und das Erbringen von Spitzenleistungen Wert und Menschenwürde verleihen. Sondern dass wir das immer schon in uns tragen, weil wir in erster Linie Menschen sind. In unserer Profit- und Funktionsgesellschaft sollte man täglich mindestens ein Mal daran denken. Man kann sich von der Gelassenheit unserer Senioren etwas abschauen und in seinen Alltag mitnehmen.

Tun

Schätze teilen

Ich könnte Ihnen noch so viel erzählen, wie schön es ist und wie gut es tut, wenn Sie Menschen im Seniorenheim besuchen. Tun Sie es einfach. Vielleicht gleich dieses Wochenende. Gehen Sie dorthin und fragen Sie, ob Sie Menschen besuchen können, die niemand mehr besucht. Sie sind sicher herzlich willkommen. Am Abend werden Sie um eine schöne Erfahrung reicher sein.

SpongeBob – OptimismusKopf

Heute hatte ich wieder einmal einen Tag, wie man ihn landläufig als „Mit-dem-falschen-Fuß-aufgestanden-Tag" kennt. Wer kennt solche Tage nicht?! Da will einfach nichts so recht von der Hand gehen oder gar gelingen. Der Tag läuft, und irgendwie läuft man mit, ist aber doch nicht ganz dabei. Man hofft, dass es schnell Abend wird. Und an diesem habe ich mir eine Optimismus-Meditation verabreicht. Nicht sitzend vor einer leeren Wand, wie es buddhistische Mönche machen, sondern sitzend vor dem flimmernden Kasten, wie es der Michael auch gerne mal macht. Ich fühlte mich innerlich ausgetrocknet, wie ein Schwamm. Deshalb suchte ich mir Hilfe bei einem anderen Schwamm – bei SpongeBob – SchwammKopf. Kennt jeder! Sie auch!? Wenn nicht, dann unbedingt kennenlernen. SpongeBob tut gut. Allein seine gelbe Gestalt und sein ansteckendes Lachen haben etwas Smileyhaftes an sich. Man muss lachen und ist gleich mal besser drauf. Der zweidimensionale SpongeBob hat Eigenschaften, die ansteckend sind und in unserer dreidimensionalen Welt guttun (würden). Sein Lebensmotto „Ich bin bereit!" zeugt von einer aufmerksamen, aber angstfreien Haltung gegenüber dem

Leben. Er ist immer ganz da, wo er gerade ist. Bei der Arbeit, bei seinen Freunden, bei seinen Hobbys. Er hat Flow im Blut. Er kann sich auch scheinbar „unnötigen" und „überflüssigen" Dingen hingeben, die uns „reifen" Erwachsenen nix bringen – wie dem Spielen. Viele von uns haben das Spielen verlernt. Damit die Freude an der Freude. Wann haben Sie das letzte Mal ein Spiel mit jemandem gespielt, kein böses Spiel, sondern „Mensch ärgere dich nicht!" oder so? Sollte man öfters tun, das würde uns lockerer machen, und man würde sich im Alltag ein bisschen weniger ärgern. SpongeBob hat auch Mut zur Fantasie. Davon hätte ich persönlich gerne mehr. Sie auch? Kann sein, dass Sie jetzt sagen: „Michael schaut SpongeBob. So ein kindischer Depp!" Ich sage Ihnen: „Aber hallo! Ich bin ab und zu gerne mal kindisch!" Und kindlich? Im Sinn von „inneres Kind geblieben sein"? Da muss ich zugeben, dass ich es viel zu wenig bin. Aber SpongeBob ist mir dabei behilflich, es neu zu entdecken und hin und wieder auch zuzulassen. In diesem Sinn: „Ich bin bereit!" Sind Sie es auch?

Auf der Suche nach dem inneren Kind

Seelen Kraftwerk

Was weckt das Kind in mir?

1. Spielen
2. Hüpfen
3. Lachen
4. ....
5. ....
6. ....
7. ....
8. ....
9. ....
10. ....

Abschiede

Wie stehen Sie zu Abschieden? Mir fallen Abschiede sehr schwer. Sie sind es auch. Egal, ob am Bahnhof, auf dem Flughafen oder an einem offenen Grab. „Abschied ist ein scharfes Schwert", singt Roger Whittaker und trifft damit ins Schwarze. Es sticht uns ins Herz und schneidet uns ab vom Gewesenen. Der Abschied vom Schönen ist besonders hart. Keiner wird von Abschieden verschont. Unser gesamtes Leben ist gesäumt von Abschieden. Wir verabschieden uns von unserer Kindheit und gehen der Jugend entgegen. Wir nehmen Abschied von lieben Klassenkameraden und Freunden, die künftigen Wege trennen uns voneinander, und jeder geht in seine Richtung. Wir lassen viele Freunde und Bekannte hinter uns in unserem Leben und sehen viele davon nie mehr. Irgendwann nimmt man Abschied von der Jugend. Abschied von der ersten großen Liebe. Einmal sagt man Lebewohl zum Elternhaus und zum „Hotel Mama". Zu vertrauten Menschen, Orten, Sprachen, Dialekten und zieht in die Welt hinaus. Macht seinen Weg, sucht seine Erfüllung. Unausweichlich folgt einmal ein sehr schmerzhafter Abschied. Der Abschied vom Jungsein. Wenn das Alter anklopft, dann möchte man am liebsten nicht zu Hause sein. Jedes Fältchen tut weh. Jedes graue Haar löst eine Panik aus. Apropos Haar: Beim Blick in den Spiegel sehe ich, dass sich mein Haar gerade von mir verabschiedet. Mein Opa hat immer gesagt: „Wenn die Intelligenz wächst, dann müssen die Haare weichen. Außerdem braucht ein schönes Gesicht viel Platz! ..." Danke, Opa! Zu vielen Abschieden kann man ruhig einen Schuss Humor dazugeben, das erleichtert die Sache ungemein. Ich glaube, Abschiede fallen uns deswegen so schwer, weil sie mit Vergänglichkeit zu tun haben. Der Abschied ist der kleine Bruder vom „großen Bruder" Tod. Und Abschiede sind auch kleine Tode. Augenblicke gehen zu Ende, sie sterben vor unseren Augen. Das macht Angst. Weil es uns die Vergänglichkeit von allem und jedem vor Augen führt. Die Vergänglichkeit schöner Momente und unsere eigene. Deshalb versuchen wir, unsere Abschiede so lange als möglich hinauszuzögern und halten deshalb auch sehr oft an Situationen, Lebenswegen und Menschen fest, die uns schon lange nicht mehr guttun. Weil alles andere besser ist, als Abschied zu nehmen. Doch Abschiede sind notwendig, damit Leben lebendig bleiben kann. Es geht nicht anders. Man muss etwas loslassen, damit man Platz für Neues hat.

Adieu!

Seelen Kraftwerk

Wovon möchten oder sollten Sie sich gegenwärtig verabschieden? Welche Abschiede waren bisher die schwersten in Ihrem Leben? Welche sind Ihnen leichtgefallen oder brachten gar das Gefühl von Erlösung mit sich?

Mut-Klopfer

Wer kennt das nicht: Ein wichtiger Termin steht an, eine Verabredung, eine Prüfung, ein Vorstellungsgespräch, und sogleich rast eine Lawine aus Angst auf uns zu. Derart große Angst, dass Ihr Herz zu rasen beginnt und Sie glauben, Sie stehen kurz vor einem Herzinfarkt. Ihre Knie beginnen zu zittern, und der Boden unter Ihren Füßen scheint sich langsam in Luft aufzulösen. Zum x-ten Mal jagt Sie das wilde Rumoren in Ihrem Bauch auf die erlösende Kloschüssel. Jetzt erfahren Sie am eigenen Leib, was es heißt, wenn man „Schiss" hat. Der Blick auf die Uhr zeigt Ihnen erbarmungslos, dass der gefürchtete Augenblick unaufhaltsam näher rückt. Der Puls galoppiert, die Hände schwitzen. Wie schön wäre es jetzt, einfach wegzulaufen. Irgendwohin, wo es schön und ruhig ist. Nur nicht da sein. Nur nicht dort hingehen. Aber es hilft nix! Ferngesteuert gehen Sie los, und ferngesteuert kommen Sie dort an, wo Sie hin müssen. Der Atem ist schnell und flach, der Mund staubtrocken und die Kehle bis obenhin zugeschnürt. Die Angst hat Sie nun fest in ihren Klauen. Da gibt es kein Entkommen. Ergib dich deinem Schicksal. Das dachte ich mir auch immer. Bis ich eines Tages von einem Seminar zum Thema „Klopftherapie" erfuhr. Ich habe mich sogleich angemeldet. Die Klopftherapie nennt man auch „MET" („Meridian-Energie-Techniken") oder „EFT" („Emotional Freedom Techniques"), ich nenne es hier einfach nur „Klopfen". Ich habe es in diesem Seminar gelernt und wende es regelmäßig an. Und es hilft wirklich!! Als Soforthilfe beschränke mich beim Klopfen auf das Thymus-Klopfen (TK). Es ist ein Teil der Klopftherapie. Die gesamte Klopftherapie umfasst noch das Klopfen einzelner Meridiane entlang des Körpers. Das Tolle am TK ist, dass man es sofort und überall anwenden kann. Für mich ist es das schnellste und effektivste Mittel gegen Angst. Thymus kommt vom Griechischen *thymos* und bedeutet „Lebenskraft". Die Thymusdrüse befindet sich fünf bis sieben Zentimeter unter Ihrer Halsgrube unter Ihrem Brustbein. Machen Sie diesen Punkt ausfindig. Dann beginnen Sie zu klopfen. Mit vier Fingern, nicht zu fest und auch nicht zu locker. Beim Probieren finden Sie Ihre Klopfintensität, die Ihnen guttut. Sie können auch eine leichte Faust bilden und damit auf Ihren Thymus klopfen. Während des TK atmen Sie tief ein und aus. Sie können sich während des TK auch bestärkende Sätze zusprechen wie: „Alles wird gut", „Ich schaffe es", „Ich bin ruhig und gelassen", „Ich bin gut", „Ich bin liebenswert …" Oder Sie verwenden auch eines Ihrer Kraftworte wie: „Mut", „Gelassenheit", „Stärke", „Vertrauen", „Liebe" … Aus Erfahrung weiß ich, dass die stärkenden Zusprüche nicht allzu lang sein sollten. Kurz und bündig ist effizient. Während seiner Angst hat man auch nicht den „Nerv" für ausschweifende Formulierungen. Es sind quasi kurze Stoßgebete – in unserem Fall „Klopfgebete", getrommelt auf Ihrer Thymusdrüse. Sie können sich Ihre bestärkenden Worte während des TK auch in Gedanken zusprechen. Oder Sie klopfen einfach ohne Worte. Wenn Sie wieder einmal Angst verspüren, dann klopfen Sie. So lange, bis es besser wird. Die Dauer der jeweiligen TK-Einheit richtet sich nach der Intensität Ihrer Ängste. Bei starker Angst erreicht man in fünf Minuten eine deutliche Besserung. Wenden Sie das TK dann an, wenn Sie es brauchen. Auf Ihrem Fußweg zu einem nervenaufreibenden Termin. Im Auto bei einem Ampelstopp – aber bitte nicht während der Fahrt! Am Zielort können Sie sich ein paar Minuten auf die Toilette zurückziehen und sich Mut anklopfen. Im Fahrstuhl, im Treppenhaus, immer und überall können Sie TK betreiben. An Zeit und Gelegenheit fehlt es nie. An Gründen auch nicht. Das positive Resultat des TK wird Sie sehr überraschen. Das TK hilft aber nicht nur bei Ängsten. Es spendet neue Lebensenergie, wenn Sie sich müde und erschöpft fühlen. Hervorragend eignet sich eine TK-Einheit von fünf Minuten während des Meditativen Laufens (ML) oder während eines Spaziergangs. Lesen Sie mehr ab Seite 131.

Reduktion

Fast überall, wohin wir gehen, wohin wir sehen oder hören, da ist sie schon längst: die Werbung. Wenn man seine Tageszeitung aufschlägt, das Radio einschaltet oder im Internet recherchiert, da bricht unaufhaltsam der Werbe-Tsunami über uns herein. Ganz besonders nervig ist Werbung dann, wenn man sich gerade einen tollen Film ansieht und es so richtig spannend wird. Gerade dann kommt die Werbeunterbrechung. Die Werbung ist einerseits störend, andererseits auch sehr lehrreich. Immer wenn ich mich ihr aussetze, dann merke ich, was ich vorher alles noch nicht gewusst habe. Nämlich, was ich alles noch brauchen könnte. Ich hatte ja keine Ahnung! Oh Schreck, das alles hatte ich vorher gar nicht vermisst! Wie konnte ich nur! Wie konnte ich bis jetzt überhaupt nur ohne die neuesten, innovativsten, modernsten, günstigsten, coolsten, technisch höchst raffinierten Sachen leben? Ja, wie ohne das flachste und leistungsstärkste Smartphone mit dem dazugehörigen Superminitarif? Wie mini denke ich bloß! Wie kam ich ohne die zwölffach wirksame und selbst denkende Antifaltencreme aus? Wie ohne das Wunderjoghurt, das mit seinen ebenso wundersamen Bakterienstämmen gegen alle schlechten Umwelteinflüsse resistent macht und fast ewiges Leben verleiht? Wie ohne das neueste Auto, den neuesten Modeschrei – von wem auch immer geschrien –, wie ohne die schickste Einrichtung und die sicherste Kapitalanlage? Da sitzt man nun und hat das alles nicht. Kann man denn da noch glücklich sein? Spätestens nach der Werbung sind es viele nicht mehr. Wir wollen immer mehr. Mehr besitzen. Dinge besitzen. Die Werbung liefert uns immer neuen Brennstoff für unsere Gier nach diesem Mehr. Und sie hat leichtes Spiel mit uns. So redet man uns ein, dass wir immer etwas wollen müssen. Sobald man ein Konsumziel erreicht hat, auf das man lange hingearbeitet und -gespart hat, will man meist schon wieder etwas anderes. Oder das Bessere oder Neuere von dem,

was man gerade hat. Etwas mehr Bescheidenheit täte uns allen gut. Eine wohltuende und heilende Reduktion in all unseren Lebensvollzügen. Wie beim Einkaufen. Braucht man jede Saison immer das Neueste? Wie viel Müll ließe sich vermeiden, würde man nachhaltiger konsumieren! Wie viel kostbare Energie könnte man einsparen, wenn Dinge, die man nicht unbedingt braucht, erst gar nicht produziert würden! Oder zumindest nicht sofort. Die Haltung der Reduktion hilft uns dabei. Reduktion kommt vom lateinischen *reducere* und bedeutet „zurückführen", „wiederherstellen". Die Reduktion führt uns zurück zu der natürlichen Einsicht, zu unserem natürlichen Gefühl für das, was wir wirklich brauchen und was uns wirklich guttut. Sie lässt das Unwesentliche und Belastende für uns beiseite. Sie führt uns hin zu einer entspannten und angstfreieren Lebenshaltung.
Wer die Haltung der Reduktion in sein Leben aufnimmt, der hat weniger Angst, zu kurz zu kommen oder etwas zu verlieren. Weil er verzichten kann. Und das mit Lust anstatt mit Frust.

Tun

Gezielt einkaufen gehen

Versuchen Sie sich einmal im selbstbestimmten und nachhaltigen Einkaufen. Machen Sie eine Inventur und fertigen Sie sich eine Liste dessen an, was Sie brauchen, bevor Sie den nächsten Shopping-Tempel stürmen. Dann fragen Sie sich, ob Sie das wirklich brauchen oder nur meinen, es zu brauchen. Wenn Sie Kleidung kaufen gehen, dann schauen Sie einmal bewusst in Ihrem Kleiderschrank nach, was nötig ist. Benötigen Sie wirklich einen neuen Mantel oder fünf neue Hosen und noch drei Paar Schuhe, oder meinen Sie nur, dass Sie das alles und jetzt sofort bräuchten? Reden Sie sich das selbst ein oder lassen Sie sich das einreden? Handeln Sie aufgrund eines gesellschaftlichen Zwangs? Damit Sie dazugehören? (In diesem Fall modisch dazugehören.) Oder handeln und entscheiden Sie selbstbestimmt?

Wartezeiten

Ich stehe am Hauptplatz und warte auf die Straßenbahn. Ich habe es eilig. In zwölf Minuten kommt sie. „Noch so lange warten!", denke ich und merke, wie unruhig und ungeduldig ich dabei werde. Mein Blick schweift hin zu meinen Mitwartenden, und ich merke, dass es ihnen nicht viel anders ergeht. Das Warten scheint nicht gerade eine Stärke von uns Menschen zu sein. Die Wartezeit erscheint den allermeisten als vergeudete Zeit. Wartezeit will man schnell hinter sich bringen, und deshalb versucht man, sie mit allen Mitteln und allerlei Methoden zu vertreiben, wenn man mit ihr zu tun hat. Die Wartezeit gilt als unprofitabel und deshalb als wertlos. Sie ist in einer rastlosen und schnelllebigen Gesellschaft nicht gerne gesehen. Alles muss am besten gestern erledigt sein. Alles möchte man auf der Stelle haben, erleben und sein. Meist im Namen des Profits. Deshalb beginnt auch die Adventzeit in den Geschäften schon Mitte Oktober. Dabei sind unsere Wartezeiten alles andere als unnütz: Sie ermöglichen uns, aufzuatmen und uns einzustellen auf das, was auf uns zukommt. Wir können uns innerlich auf unsere neuen Herausforderungen vorbereiten, damit wir von ihnen nicht überrannt oder von neuen Umständen überfordert werden. In der Wartezeit auf ein Lebensziel hin dürfen wir dafür reifen. Aber auch unsere alltäglichen Wartezeiten beinhalten sehr viel Potenzial, das wir für uns nutzen können. In den verschiedenen Wartezimmern des Lebens, beim Warten in der Supermarktschlange, am Bahnhof, an der Straßenbahnstation, im Verkehrsstau und dergleichen können wir diese wertvolle Zeit für uns nutzen. Zum Tagträumen und Abschalten, damit unsere Seele Zeit hat zum Nachkommen. Zum Schauen, Staunen und Lernen. Beim Warten wiederhole ich ab und zu Englischvokabeln oder lese in einem Taschenbuch. Man kommt beim Warten auch mit anderen Menschen ins Gespräch. Das Warten wird ungerecht behandelt. Geben Sie ihm mehr Wert, indem Sie diesen kostbaren Augenblicken Ihren persönlichen Touch verleihen. Vielfach sind unsere Wartezeiten oft die einzigen Momente, die man tagsüber ganz für sich alleine hat.

Tun

Aufwarten

Was machen Sie in Ihren Wartezeiten? Welche persönlichen Noten könnten Sie ihnen verleihen? Damit diese Zeit Ihre Zeit wird und Sie nicht das Gefühl haben, dass sie Ihnen von anderen aufgezwungen wird? Wenn Sie die Wartezeit zu Ihrer Zeit machen, dann werden Sie diese Zeit beim nächsten Warten ganz anders wahrnehmen. Sie werden sehen! Dann können Sie Ihr nächstes Warten kaum mehr erwarten …

Das Leben ist ein
andauerndes Staunen über
das Wunder, zu leben.
Rabindranath Thakur

Bewegende Meditationen

2.

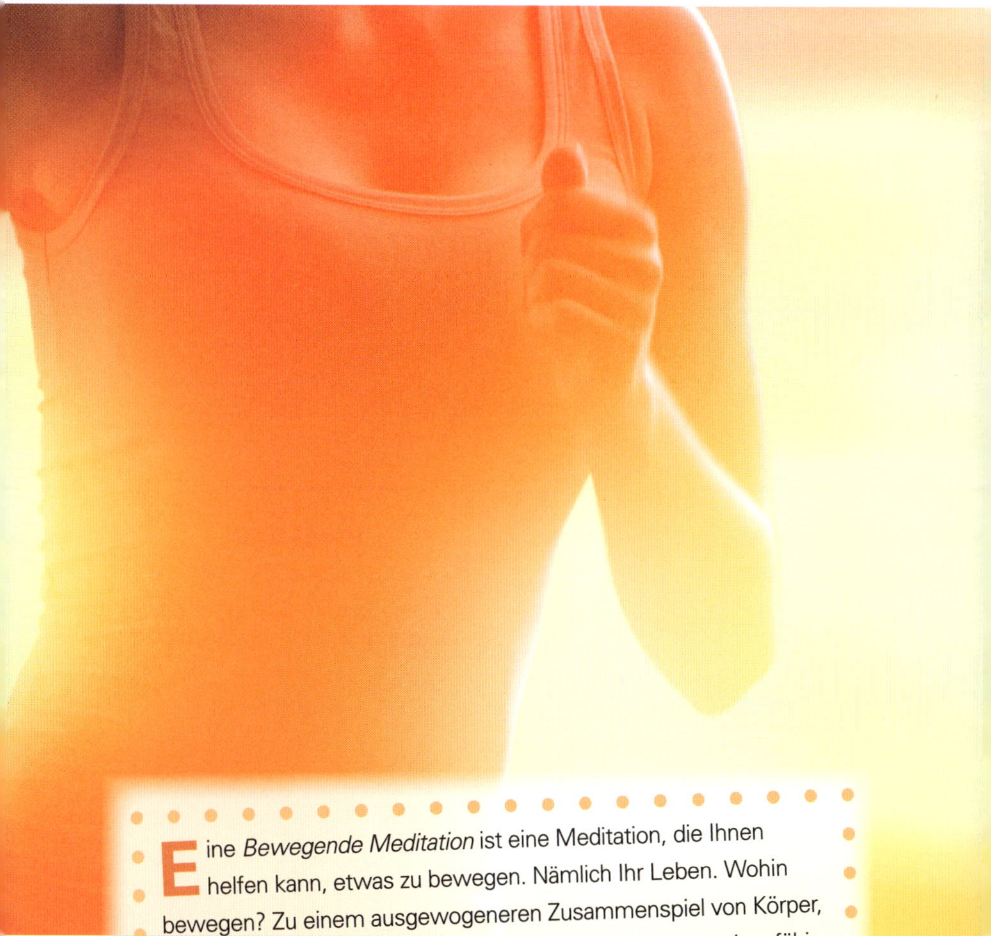

Eine *Bewegende Meditation* ist eine Meditation, die Ihnen helfen kann, etwas zu bewegen. Nämlich Ihr Leben. Wohin bewegen? Zu einem ausgewogeneren Zusammenspiel von Körper, Geist und Seele. Hin zu mehr Achtsamkeit und Konzentrationsfähigkeit. Zu mehr Lebensenergie, Lebensfreude und Lebensmut. Zur Fähigkeit des Loslassens und zur Reduktion auf das Wesentliche.

Was Meditation bewegt

Eine *Bewegende Meditation* wird unterstützt durch maßvolle Bewegung. Bewegung ist etwas, womit jeder von uns vertraut ist. Wir bewegen uns derart schnell durch den Alltag, dass dies in Stress und Hektik ausartet. Ist es da nicht paradox, dass man mit zusätzlicher Bewegung „runter"kommt? Nein, finde ich nicht. In diesem Fall ist es sinnvoll, Gleiches mit Gleichem zu umfangen. Unsere alltägliche und stressverursachende Bewegung umfasst das Dreigestirn Körper, Geist und Seele. Jene Bewegungen, die zu Stress führen, rühren aus unserem Inneren. Es sind die Bewegungen unseres Geistes. Unser Geist läuft auf Hochtouren. Die Folge ist, dass es der Körper dann natürlich auch tut. Schlafstörungen, Herzrasen, Bluthochdruck, Magengeschwüre, Darmprobleme und dergleichen stellen sich ein.

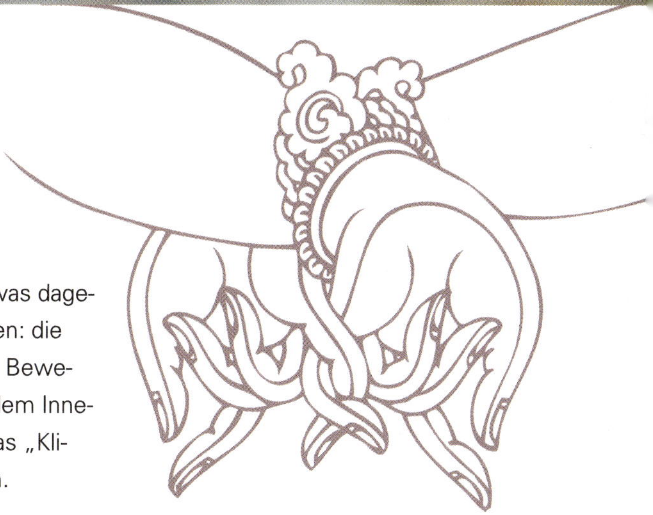

Deshalb ist es ratsam, etwas dagegen in Bewegung zu setzen: die Bewegende Meditation in Bewegung. Sie entspringt aus dem Inneren und verbessert dort das „Klima“ Ihrer Befindlichkeiten.

Ausgeglichenheit von innen nach außen. Als Methoden für unsere Bewegungs-Meditation verwende ich das, was auch jedem von uns bereits durch die Praxis bekannt ist.

Das Laufen

Seit Anbeginn der Menschheit ist das Laufen an unserer Seite. Für die frühen Menschen war es überlebenswichtig – für die Jagd und für die Flucht vor Feinden.
Das Laufen ist somit ein Teil von uns, es ist ein archaischer Bestandteil unserer Natur, es ist eine archaische Bewegung. Naturnahe Völker sind heute noch sehr tief mit dem Laufen verbunden. Es ist Teil ihres täglichen Lebens. Zum Beispiel beim Volksstamm der Tarahumara in Mexiko. Sie zählen zu den besten Läufern der Welt. Die Besten unter ihnen sind in der Lage, ein Tier ohne Waffen zu erlegen, indem sie es im Lauf jagen, bis es erschöpft zusammenbricht. Laufen trägt auch etwas Mystisch-Spirituelles in sich.
Die legendären tibetischen Lung-Gom-Pa-Läufer laufen tagelang ohne Pause. Sie gleiten leichten Fußes durch die Landschaft, allein mithilfe der Kraft ihrer meditativen Vorbereitungen mit intensivem Fasten. Sie befinden sich während des Laufens in einer Art Trancezustand. Die Energie ihres Laufs entspringt aus ihrer mentalen Kraft.

Das Laufen als Sport

Das Laufen hat sich zu einer der beliebtesten Sportarten entwickelt.

Waren es in den Achtzigern ein paar Freaks – ich war in meiner kleinen Heimatgemeinde in Kärnten einer davon – die mit neonfarbenen Stirnbändern, weit geschnitten Baumwollshorts und der Titelmelodie von *Rocky* im Ohr einsam die Feldwege und Straßen entlangjoggten, ist es heute der trendige Massensport schlechthin. Unzählige Lauf-Events schießen wie Pilze aus dem Boden – Marathonlauf, Charitylauf, Frauenlauf, Silvesterlauf etc. laufen im wahrsten Sinne über die Bühne. In den Medien ist das Laufen laufend vertreten. Vor allem im Frühjahr, wenn die Laufsaison wieder startet. Das Laufen ist zu einem Hightech-Sport geworden. Superleichtlaufschuhe und intelligente Funktionswäsche sind Standard. Die Menschen laufen aus den unterschiedlichsten Gründen. Neben den gesundheitlichen Aspekten wie Herz-Kreislauf-Training ist ein Laufaspekt besonders wichtig: Man läuft auch, um schön, schlank und sexy zu sein. Das Laufen als kosmetische Unterstützung. Und man läuft auch, um sich selbst etwas zu beweisen, nämlich Leistung. Laufen als Leistungshobby. Noch schneller und noch weiter. Schrittzähler und Stoppuhr fungieren als imaginäre Peitschen im Rücken. Der Leistungsdruck des Alltags geht fließend ins Laufen über, und so bietet es keinen Ausgleich. Kein Wunder, dass die wenigsten Läufer beim Laufen auch nur ansatzweise lächeln.

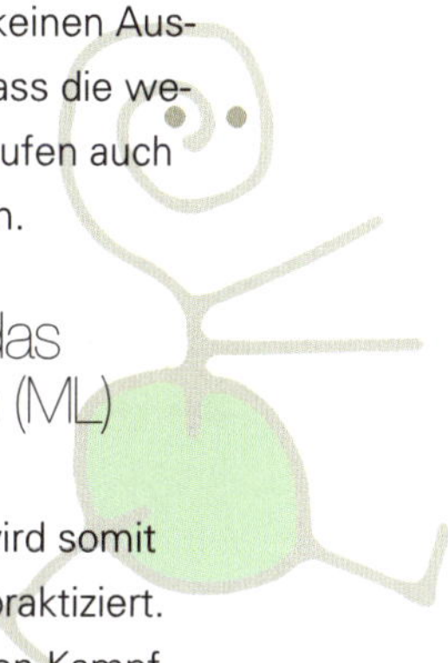

Anders laufen – das Meditative Laufen (ML)

Das Laufen als Sport wird somit vorwiegend äußerlich praktiziert. Das erinnert mich an den Kampfsport. Es gibt Stile, die man als „äußere Kampfkunst“ bezeichnet, die vorwiegend auf die physische Kraft bauen. Wie Karate. Ich habe es in meiner Jugend sehr lange praktiziert. Dann gibt es Stilrichtungen, die man als „innere Kampfkünste“ bezeichnet, wie das edle Tai Chi Chuan. Die inneren Kampfkünste entwickeln ihre enorme Energie aus dem konzentrierten Training der Lebensenergie Chi. Der Körper wird zusätzlich gestärkt, als Resultat der Kraft von innen. So unterscheide ich auch ein „äußeres“ und ein „inneres“ Laufen. Das innere Laufen ist das Meditative Laufen (ML). Es schont und vermehrt Ihre Lebenskraft. Es trainiert Körper, Geist und Seele auf sanfte, aber effiziente Art, schärft zudem Ihre Konzentration, Ihre Sinne, Ihre gesunden Instinkte und steigert die Achtsamkeit. Sie laufen zu sich und nicht vor sich davon. Meditatives Laufen bringt Sie wieder näher in Kontakt mit sich selbst, mit der Natur, mit dem Leben. Es integriert sich in den Lauf Ihres Lebens und macht ihn zu einem praktischen Bestandteil des Trainings.

Der Stil des ML – Bewegung aus der Mitte

Gehen Sie entspannt und ohne großen Erwartungsdruck an das ML heran. Sie müssen niemandem etwas beweisen. Laufen Sie langsam, so, dass Sie nicht außer Atem kommen und nach Luft schnappen müssen. Das Tempo soll so gewählt sein, dass Sie sich dabei auch unangestrengt mit anderen unterhalten können. Wenn Sie ein Laufanfänger sind, dann legen Sie zwischendurch ruhig Gehpausen ein und laufen Sie danach wieder locker weiter. Niemand ist auf der Jagd nach Ihnen! Das ML entspringt aus der Mitte. Aus der Mitte Ihres Körpers. Aus Ihrer Hüfte. Laufen Sie ganz langsam los. Die Schultern sind entspannt, lassen Sie Ihre Schultern los, die locker abgewinkelten Arme bewegen sich rhythmisch im Takt der Laufbewegung. Rechter Fuß vor, linker Arm vor, linker Fuß vor, rechter Arm vor und so weiter. Die Hüfte ist locker und entspannt. Lassen Sie die Hüfte beim Laufen ohne Kraftaufwand nach vorne kommen. Drehen Sie dabei Ihren Oberkörper mit, so entsteht eine spiralförmige Bewegungsenergie im Körper, die Sie nach vorne treibt. Die Spiralform liegt unserem Leben quasi zugrunde, denken Sie an die DNS, den Baustein des Lebens – sie ist auch spiralförmig aufgebaut. Wenn Sie sich in der Hüfte verkrampfen, dann blockieren Sie Ihre Laufenergie, und Sie laufen nur mit dem Unterkörper und der Kraft Ihrer Beine. Ihre oberen Extremitäten schleifen Sie so als „Last" mit. Das ist sehr anstrengend und macht zudem keinen Spaß. Ihre Füße lassen Sie ohne große Kraftunterstützung nach vorne fallen. Ihr Nacken bleibt entspannt und der Kopf aufrecht. Beim Aufsetzen gibt es zwei verschiedene Möglichkeiten und auch Meinungen: Ferse oder Ballen? Ich habe beides probiert und laufe mal so und mal so. Beide Varianten sagen mir persönlich zu, ich habe mit beiden Methoden keine nachteiligen Erfahrungen gemacht, deshalb möchte ich auch nicht sagen, das eine sei gut, das andere schlecht. Probieren Sie einfach, was Ihnen guttut und wählen Sie dann aus.

Der Lauf zum „inneren Kind"

Vielleicht erinnern Sie sich noch an damals. Als Sie als Kind mit Ihren Spielkameraden und -kameradinnen herumgetollt sind. Wie Sie unter freiem Himmel in der „wilden" Natur hinterm Haus über saftiges Grün gerannt sind, geradewegs in das Abenteuerland Wald. Und das barfuß. Auf der Suche nach neuen Abenteuern. Meist in Ihren Köpfen entstanden und mit viel Enthusiasmus, Spaß und Action in Rollenspielen dramaturgisch zum Leben erweckt. Oft dienten auch Filme

Tun

Gut vorbereitet - vom Doc bis zum Barfußschuh

Meditatives Laufen ist grundsätzlich für jeden erlernbar und machbar. Ganz gleich, ob Sie jung sind oder reifer an Jahren, ganz gleich, ob mit Waschbrettbauch oder einem Waschbär-Bäuchlein, ganz gleich, ob Sie sich bisher sehr viel oder fast gar keine Bewegung gemacht haben. Sie müssen auch kein erfahrener Läufer sein. Wenn Sie bisher sportlich nicht viel gemacht haben, dann empfehle ich vor Beginn des ML auch einen Besuch bei Ihrem Arzt oder Sportmediziner. Lassen Sie sich zur Sicherheit durchchecken. Auch können Sie nach einiger Zeit des Trainings mit Ihrem Arzt vergleichen, was sich an medizinischen Werten und Maßen positiv verbessert hat. Wenn Ihnen Ihr Arzt grünes Licht gibt, dann besorgen Sie sich geeignete Laufschuhe. Unbedingt ein Fachgeschäft aufsuchen, wo eine gute und kompetente Beratung angeboten wird. Es gibt Sportfachgeschäfte, die einen Fuß-Scan durchführen, um den optimalen Schuh für Sie zu ermitteln. Ich persönlich tendiere seit einiger Zeit zu Schuhen, die nicht extrem gedämpft sind und die fast ein Barfußgefühl vermitteln und somit einen guten Kontakt zum Boden. Auf der Wiese laufe ich – wo immer möglich – barfuß. Das ist unvergleichlich, kein Laufschuh der Welt kann das toppen. Mal ausprobieren! Zu guten Laufschuhen empfehle ich noch Funktionswäsche, sie transportiert die Feuchtigkeit gut ab und liegt angenehm am Körper an.

und Geschichten als grobe Vorlage. Das „Set" war die unmittelbare Umgebung. Die naturgegebenen Requisiten lagen quasi auf dem Boden herum. Innerhalb weniger Augenblicke war man nicht mehr im Wald, sondern auf der Kommandobrücke von *Raumschiff Enterprise*. Kurz darauf wurde man auf einen fremden Planeten gebeamt, wo man es mit Aliens aller Art zu tun hatte – meist bösartige Typen. Gerade noch mit dem Leben davongekommen, in letzter Sekunde hochgebeamt. Dennoch hat es einige Crew-Mitglieder erwischt. Nicht selten folgten Proteste seitens der Mädchen, denen die Geschichten zu brutal, viel zu wenig lieb und absolut zu unromantisch waren. Die drei Musketiere stellten einen guten Kompromiss dar. Die eine oder andere Königin oder edle Dame musste vor fiesen Schurken und bösen Verschwörern beschützt werden. Mit Haselnussruten-Degen in der Hand schallte es durch den Wald: „Einer für alle und alle für einen!" Derart beschaffen war auch das Gemeinschaftsgefühl beim gemeinsamen Spielen. Man lebte im Augenblick, ließ seiner Fantasie freien Lauf, und auch seinem Laufen verlieh man Fantasie. Frei von Leistungszwang, Schrittzählerdiktatur und Pulsuhrzwang. ML hilft Ihnen, wieder aus der Urquelle der bedingungslosen Bewegungsfreude zu schöpfen. ML schärft Ihren Sinn für das hautnahe Erleben von Augenblicken barfüßiger Lebensfreude.

Der Atem: neuem Spirit entgegenlaufen

Durch ML werden Ihre Lebensgeister geweckt oder lebendiger. Die Lebensenergie hat in den alten spirituellen Traditionen immer mit dem Atem zu tun. Er ist das Vehikel unserer Lebensenergie. Ganz konkret: Ohne Atmung sind wir tot. Die alten Griechen nannten ihn *Pneuma* („Geist", „Atem") die Juden sagen *Ruach* („Geist Gottes"), und die Inder nennen ihn *Atman* („Atem", „göttlicher Geist"). Das Atmen ist demnach mehr als nur ein physiologischer Vorgang. Der Atem ist eng mit unseren seelischen Regungen verbunden. Angst schnürt ihn ab, Freude und Glück lassen uns aufatmen, und negativer Stress raubt ihn uns. Das Meditative Laufen

verbessert Ihre Fähigkeit, die Lebensgeister in vollen Atem-Zügen aufzunehmen. Durch das langsame Laufen müssen Sie nach Atem ringen. Die von mir empfohlene und praktizierte Atmung im ML ist die Nasenatmung. Ein- und Ausatmung durch die Nase. Sie ist anfänglich etwas ungewohnt, und man hat das Gefühl, zu wenig Luft zu bekommen, aber das ist nicht so. Ab und zu atme ich durch die Nase ein und entlasse den Atem mit einem intensiven Aushauchen aus dem Mund. Meist vor dem Laufen und einige Schritte lang am Beginn. Damit „reinige" ich mich, das heißt, ich lasse die letzten stressigen Gedanken und Anspannungen aus mir heraus. Verbinden Sie diesen Atemvorgang mit den Gedanken und Gefühlen, die Sie belasten – und raus damit! Auch während des Laufens kann man diesen Vorgang ab und zu wiederholen. Ansonsten behalten Sie die Nasenatmung bei. Atmen Sie tief in Ihren Bauch hinab, eine tiefe

Zwerchfellatmung, und dann lassen Sie den Atem ohne unnötiges Pressen wieder entweichen. Konzentrieren Sie sich beim Einatmen auf Ihren Unterbauch, zirka zwei, drei Fingerbreit unter Ihrem Nabel. Die Japaner nennen diesen Punkt den *Hara*. Sie sagen, es sei die Energiezentrale des Menschen, die Verbindung zwischen Oben und Unten, zwischen Himmel und Erde, zwischen Ratio und „Bauch". Durch das bewusste Atmen in den *Hara* vermehren Sie Ihre Energie in diesem Bereich. „Nur weil zu wenig Energie im *Hara* vorhanden ist, gerät man leicht außer Atem", sagt Meister Okada. Und das nicht nur beim Laufen, sondern auch in allen anderen Lebensbereichen. Berühren Sie beim Meditativen Laufen mit Ihrer Zungenspitze leicht Ihren Gaumen, das fördert die Konzentration – und laut Traditioneller Chinesischer Medizin (TCM) verbindet es die vorderen und hinteren Energieleitbahnen, sodass das *Chi* ungehindert fließen darf.

Das können Sie auch abseits des Meditativen Laufens praktizieren. Beim Autofahren, beim Lesen, beim Warten in der Supermarktschlange etc.

Lauf-Mönch sein

Das eigene Ding zu leben, davon träumt wohl jeder in seinem Leben. Das umzusetzen und sich dort zu verwirklichen, wo man sich am authentischsten fühlen darf. Aufgrund der vielen Verpflichtungen, Konformitäten und Zwänge, denen wir uns zum Teil selbst aussetzen, verschütten wir uns den Sinn für unser wirkliches Wesen. Wir führen ein Leben, das in vielen Augenblicken nicht das unsere ist. Deshalb ist es notwendig, zu erkennen, was wir wollen und wie unser eigener Lebensrhythmus aussehen soll, um mehr im Lot zu sein. Beim ML kann man seine inneren Sensoren zum Auffinden des eigenen Rhythmus gut ausjustieren. Zu diesem Zweck machen Sie öfters Laufeinheiten, bei denen Sie alleine unterwegs sind. Wenn Sie zu zweit oder in einer Gruppe laufen, dann tendiert man automatisch zum Vergleichen mit den anderen. Man will sich beweisen, auch wenn man aus der Puste gerät. Das Alleine-Laufen nenne ich den „Mönchs-Lauf" – Mönch kommt vom griechischen *monachos* und heißt „allein". Dabei können Sie laufend

eine Innenschau betreiben, begleitet von einer heilsamen Stille. Unterstützend wirkt hier eine ruhige Umgebung, beispielsweise ein Lauf in der Natur. Bei diesem stillen „Mönchs-Lauf" bekommen Sie ein Gefühl für die Laufgeschwindigkeit, die Ihnen guttut, die Dauer des Laufs, die Pausen, die Sie vielleicht einlegen möchten. Sie entwickeln ein Gespür für Ihren eigenen Laufrhythmus. Und dieses Gespür dafür können Sie auf alle Bereiche Ihres Lebens ausdehnen. Sie lernen eine fürsorgliche Innenschau und achten mehr auf Ihre eigenen Gefühle und Bedürfnisse. Sie achten mehr auf Ihr eigenes Lebenstempo. Eines, das Ihnen guttut. Dabei werden Sie toleranter und weitblickender und erkennen, dass auch der andere ein Recht darauf hat, seinen Rhythmus zu finden und ihn zu leben.

Gemeinsam laufen

Schon in der Bibel (1. Mose 2,18) steht geschrieben: „Es ist nicht gut, dass der Mensch allein sei." Deshalb ist das gemeinsame Laufen mit anderen eine gute und notwendige Ergänzung zum „Mönchs-Lauf". Im Laufen mit anderen können Sie Ihre Fertigkeit aus dem „Mönchs-Lauf" praktisch überprüfen und umsetzen. Nämlich zu Ihrem eigenen Rhythmus zu stehen und anderen ihren Rhythmus zuzugestehen. In einem Lauf, wo man sich nicht messen und vergleichen muss, entsteht ein schönes und befreiendes Gemein-

schaftsgefühl. Niemand braucht besser, schneller und cooler zu sein als der andere. Da fällt ein gemeinsames Laufen leichter, und es entsteht kein Wettlauf, sondern ein Lauf hin zu einem gemeinsamen Ziel. Man stimmt sich aufeinander ab – ohne Anstrengung und Angst, sich vor dem anderen „blamieren" zu müssen. Gemeinsam statt einsam. Ein Konkurrenz-Lauf ist nie entspannend. Und Lauf-Freunde findet man dabei auch ganz selten. Sie können einer den anderen ermutigen und beide voneinander lernen. Keiner läuft dem anderen davon, und auf den weniger Geübten nimmt man Rücksicht. Man bewegt sich auf demselben Niveau. Da Sie selbstbewusst Ihren eigenen Rhythmus kennen, fällt es Ihnen nicht schwer, sich auf andere einzulassen, ohne sich selbst dabei zu verlieren.

Laufend seelisch und körperlich entrümpeln

Das Entrümpeln von alten Dingen schafft wieder Platz für Neues. Im Haus sammelt sich im Lauf der Jahre eine ganz schöne Menge an: Sachen, die man schon lange nicht mehr braucht, oder die bereits hinüber sind. Trotzdem wirft man nicht immer alles gleich weg. Bis man eines Tages merkt, dass der Platz immer weniger wird. So geht es uns auch in anderen Lebensbereichen. Viel Überflüssiges schleppen wir mit uns herum. Sei es schweres seelisches Gepäck oder konkret fassbares körperliches – sprich: eine zu große Körpermasse, die zum Gesundheitsrisiko werden kann. Ich meine damit nicht die zwei, drei Kilo zu viel auf seinen Rippen, die im Grund zu einem gesunden Körpergewicht gehören, wo man sich aber trotzdem einredet, man sei deshalb zu dick oder unattraktiv. Auch meine ich nicht das zwanghafte Kalorienzählen, wo man nach drei Ecken Schokolade gleich ausrechnet, wie weit man laufen muss, um diese „Sünde" wieder abzuarbeiten. Genuss gehört zum Leben, denn wer nicht genießen kann, wird ungenießbar. ML hilft Ihnen bei einem sanften Entschlacken nicht nur Ihres Körpers, sondern es trägt auch zur seelischen Entschlackung bei. Durch ML verlieren Sie mögliches Übergewicht, und Ihr Essverhalten ändert sich automatisch. Sie bekommen einen natürlichen Instinkt dafür, was Sie brauchen, was Ihnen guttut – und vor allem: wie viel davon. Sie greifen zu gesünderen und energetisch höherwertigen Lebensmitteln. Gesunde Genussfähigkeit gepaart mit einer gesunden Disziplin stellt sich ein. Sie entschlacken beim ML seelisch, weil beim Laufen nicht nur Kalorien, sondern auch Sorgen, Ärger, Aggressionen, Ängste, Trägheit und andere belastende Emotionen „verbrannt" werden. Aufgestautes wird per Schwitzen ausgeleitet. Körper und Geist laufen rund, und Sie bekommen beim Laufen gute Gedanken, die so manche kreative Lösung für belastende Situationen bereithalten. So entrümpeln Sie leichten und laufenden Schritts.

Laufend mehr Mut und Selbstvertrauen

Mehr Mut und Selbstvertrauen gewinnen Sie beim ML schon dadurch, dass Sie Ihre vier Wände verlassen und sich im Draußen bewegen. Sie bewegen sich in der Öffentlichkeit und werden beim ML vermutlich sehr oft neugierig beobachtet. Deshalb brauchen Sie sich nicht „zusammenzureißen" und schneller oder „ästhetischer"

zu laufen, sondern behalten Sie Ihren persönlichen Rhythmus bei. Das ist Ihr Stil. Der macht Sie einzigartig. Nicht nur der Lauf-Stil. Viele Menschen trauen sich nicht, mit dem Laufen zu beginnen, weil Sie sich unter Beobachtung schüchtern, nicht gut genug laufend oder untalentiert fühlen. Damit hatte ich auch zu kämpfen, als ich mit dem Laufen begonnen habe. Mut ist, es trotz dieser negativen Sätze im Kopf zu tun. Zeigen Sie sich: „Hier bin ich, und ich bin gut, und ich laufe gut!" Das Trainieren von Selbstvertrauen ist beim ML sehr eng mit der Beinarbeit verbunden. Gehen Sie deshalb immer ganz leicht in die Knie, wenn Sie mit dem Fuß auf dem Boden aufsetzen. Durchgestreckte Knie verursachen früher oder später körperliche Schmerzen und sind Ausdruck einer Angst vor dem Loslassen. Geben Sie beim Aufsetzen Ihres Beins in den Knien nach. Das ist ein hervorragender Stoßdämpfer, und zudem kann man die zurückfedernde Bewegung als Energie für den nächsten Laufschritt rückgewinnen. Fast wie bei einem Hybridauto! Hybrid-Lauf! Mit Zero-Energievergeudung und Zero-Verschleiß in den Knien. So können Sie das ML vielleicht auch als Beitrag zum Erwerb eines ökologischen Bewusstseins heranziehen. „Öko-Running" statt Auspowern. Die entspannten Knie beim ML machen die Muskulatur durchlässiger – für den ungehinderten Energiefluss. Die Füße erfahren einen besseren Bodenkontakt. Man wird geerdet. Das Nachgeben in den Knien ist auch praktischer Ausdruck dafür, dass man dem Boden, auf dem man sich bewegt, vertraut. Nämlich dass man dem Leben vertraut und auch dem, dem die Knie gehören – sich selbst. Man stemmt sich nicht mit durchgedrückten Knien vom Boden weg und hat Angst loszulassen. Die Angst vor dem Fallen macht uns starr. So wird das lockere Federn der Knie eine wunderbare Übung für das Loslassen und das Urvertrauen ins Leben.

Ein Running Clown sein

Viele Läufer sind einem Streben nach Perfektion verhaftet. Das spiegelt sich auch in ihren Gesichtern wider: Sie zeigen keinen noch so kleinen Anflug eines Lächelns.

Im Gegenteil, die Mimik tendiert in Richtung Schmerz und Qualen. Todernster Gesichtsausdruck, verkniffener Blick, die Mundwinkel hängen bis zum Boden. So kann einem als Zuseher schnell die Neugierde und die Lust aufs Laufen vergehen. Man kann dabei zu dem Schluss kommen: „Wenn mir das Laufen Spaß macht, dann mache ich dabei etwas falsch. Denn das Gros der Läufer hat augenscheinlich keinen Spaß. Und die Mehrheit wird schon recht haben. Oder?“ Das ML legt Wert auf ein Laufen, bei dem man lächeln darf. Dem Lächeln liegt der Humor zugrunde, eine Basis, die im Leben und im Laufen sehr hilfreich ist. Der Humor hat nichts mit oberflächlichem Witzereißen zu tun. Er ist eine Lebenshaltung, die ein lächelndes Gegengesicht zu einem verbissenen Perfektionismus an den Tag legt. Beim Laufen manifestiert sich der Hang zum Perfektionismus in einem blockierten Laufstil. Das verbissene und willentliche Streben nach einer Perfektion, deren Beschaffenheit man sich in seinem Kopf ausmalt, führt zu körperlichem und seelischem Angespannt-Sein. Alles muss perfekt sein. Die Atmung, der Laufstil, die Laufzeit, die Ausdauer. Aber wollen Sie wirklich perfekt sein? Das lateinische *perfectus* bedeutet „vollendet“, „fertig“ „vorbei“. Auf uns Menschen bezogen könnte man auch sagen: „tot sein“. Ohne Lebendigkeit ist auch ein nach Perfektionismus gierender Läufer. Wollen Sie das? Wenn Sie bei Ihrer nächsten ML-Einheit ein solches Verhalten an sich selbst feststellen, dann werden Sie mal kurz zu Ihrem eigenen Lauf-Clown. Überzeichnen Sie beim Laufen das, was Sie als „nicht perfekt“ erachten. Wenn Sie meinen, Sie laufen verkrampft, dann überzeichnen Sie diese Haltung: Ziehen Sie Ihre Schultern hoch, strecken Sie Ihre Knie durch und laufen Sie wie eine Watschelente, schneiden Sie eine verbissene und ernste Grimasse und stoßen Sie dabei schmerzverzerrte Laute aus. Sie werden über sich selbst lachen. Etwas, das man sonst eher selten macht. Das befreit, und Sie kommen in eine gelassene Laufhaltung hinein. Man

nimmt sich selbst dabei nicht so ungemein wichtig und lässt stark überhöhte Ansprüche an sich an der Laufstrecke links liegen. Derart befreit werden Sie Ihr ML dann genussvoll fortsetzen können.

Tun

Spiegeln

Vielleicht sollten Sie hin und wieder als „Running Clown" Ihr persönliches „Red-Nose-Running" machen und so humorvoll anderen Läufern und allen übrigen Menschen ein Lächeln schenken. Denn Clowns halten uns immer wieder einen Spiegel vor die Nase. Gute Clowns verstehen es, mithilfe eines Lächelns Wesentliches in die Herzen der Menschen zu zaubern.

„ES" läuft Sie

Wenn Sie es mittels Humor einmal geschafft haben, ein rundes und entspanntes ML zu praktizieren, dann laufen Körper, Geist und Seele Seite an Seite. Als laufende Einheit. Wenn Sie absichtslos und nur aus Freude an der Bewegung laufen, dann werden Sie eine höchst interessante Erfahrung machen: Sie haben das Gefühl, dass Sie plötzlich wie von guter Geisterhand geführt dahingleiten, von einer geheimnisvollen Kraft beflügelt. Sie sind im Fluss völliger Konzentration, Raum und Zeit sind vergessen, und Sie sind voll im Hier und Jetzt. Sie werden zum Augenblick. Atmung und Bewegung verschmelzen zu einer engen Einheit. Sie haben das Gefühl, Sie werden gelaufen. Sie fühlen sich zentriert, geerdet und losgelöst zugleich. Losgelöst vom kleinen, ängstlichen Ego, das uns sonst so oft im Weg steht. Sie fühlen sich frei, geborgen und beheimatet. „ES" läuft Sie. Fühlbar, aber nicht fassbar. Es ist einfach da und trägt Sie auf einer Woge inneren Friedens – Lauf-Ekstase. Sie fühlen sich mit sich selbst und der gesamten Schöpfung verbunden. Eine angenehme Leichtigkeit breitet sich in Ihnen aus, und genauso leicht laufen Sie in diesem Moment. So ähnlich müssen sich die tibetischen Lung-Gom-Pa-Laufmönche fühlen. Ein mystisches

Erlebnis mitten im Alltag, für jeden erlebbar. Wissen Sie noch? Nun laufen Sie den Forrest-Gump-Lauf! Sie laufen – und dennoch laufen Sie nicht. Nicht Sie, sondern „ES". „ES" läuft gut mit Ihnen.

Laufend gute Bodenhaftung

Wenn der Untergrund nicht fest ist, ist bedeutend mehr Achtsamkeit gefordert. Jeder einzelne Schritt darf aufmerksam platziert werden. Man muss mit dem Untergrund laufen, sich auf ihn einlassen, ihn zulassen und seinen Asphalt-Stil, seinen „Asphalt-Geist", loslassen. Sonst gerät man leicht ins Stolpern. Denken Sie an einen Waldlauf. Da gibt es auch viele Hindernisse wie Wurzeln und Steine, die präzise und geschickt belaufen oder überlaufen werden wollen. Das ist wie im Leben: Nicht immer hat man festen Grund unter den Füßen. Bei Ängsten, Enttäuschungen, Kummer, Sorgen und Selbstzweifeln wankt der Boden des Lebens gewaltig. Da ist eine gute Bodenhaftung von großem Nutzen. Das bewusste Einlassen auf die mannigfaltigen Untergründe während des ML schult auch Ihre mental-seelische Bodenhaftung. So gewinnen Sie Stabilität und Sicherheit, auch wenn der Untergrund Ihres Lebens einmal nachgeben sollte.

Tun

Bodenhaftung trainieren

Praktizieren Sie ML auf unterschiedlichen Strecken und Böden. Auf Asphalt läuft es sich anders als auf einem Feldweg und da wieder anders als auf einem Waldboden. Damit trainieren Sie Ihre „Bodenhaftung". Ideal wäre eine Laufstrecke mit verschiedenen Untergründen. Dann wechseln Sie vom harten Asphalt auf weichen Waldhumus.

Seelen Kraftwerk

Lauf-Tagebuch

Führen Sie ein Lauf-Tagebuch. Notieren Sie gleich nach dem Laufen, was Ihnen für wertvolle Gedanken gekommen sind. Welche kreativen Lösungen für belastende Situationen.

Ein Schüler kam zu einem alten Mönch und begehrte einen Rat. Der alte Mönch aber sagte: „Geh in deine Zelle und halte Stille. Deine Zelle wird dich alles lehren!"

Weisung der Wüstenväter, Nr. 500

Das Gehen

Das Gehen ist – im Vergleich zum ML – nochmals eine Stufe entschleunigt. Es ist unser alltäglichstes Fortbewegungsmittel. Von früh morgens bis zum Schlafengehen. Kurze Wege und lange Strecken bringen wir mittels Gehen hinter uns. Während wir so durch den Tag gehen, fragen wir auch mehrmals andere nach dem Gehen und auch uns fragt man danach: „Wie geht es dir?" Das Gehen ist eine schöne Sache und wird auch immer beliebter und moderner. Gehen ist wieder schick. Man geht auch nicht nur mehr, sondern man *walkt nordic*. Das Wandern etabliert sich quasi zu einem neuen Trend. Auch eine spirituelle Form des Gehens rückt immer mehr ins Bewusstsein der Menschen: das Pilgern. Das meditative Gehen. Das Gehen hat gegenüber dem Laufen den Vorteil, dass man viel längere Strecken zurücklegen kann und das genussvoll. Man kann ausgedehnte Pausen einlegen und die durchwanderte Gegend intensiver bestaunen. Man kann einen kurzen Verdauungsspaziergang machen oder eine tagelange Wandertour unternehmen. Das Gehen ist facettenreich. Das Gehen ist wie das ML Meditation in Bewegung.

Das Meditative Gehen (MG)

Es eignet sich für all jene, die keinesfalls laufen mögen. Die Prinzipien des ML sind auch beim MG anwendbar. Das MG unterstützt die Selbstfindung. Man geht mit sich und in sich und findet so den Weg zu sich. Eine Pilgerreise zum Ich. Um das zu erreichen, müssen Sie nicht den Jakobsweg gehen oder den Kailash umrunden. Ihr tägliches Gehen, Ihr Spaziergang, kann Ihnen dabei helfen, wieder „in Gang zu kommen". Obwohl ich Ihnen durchaus zu einem Erlebnis rate, nämlich dazu, einmal eine längere Wanderung zu machen. Egal, ob Sie dabei auf einen Berg gehen oder die Weiten einer wunderschönen Hügellandschaft durchstreifen. Mit ein, zwei oder mehreren Übernachtungen.

Ihrer Ge(h)sundheit zuliebe

Abgesehen von den spirituellen Überlegungen ist das Gehen einfach nur gesund. Gehen Sie deshalb öfter mal zu Fuß. Wie oft steigen Sie ins Auto und legen damit Wege zurück, die Sie leicht auch zu Fuß gehen könnten? Ganz ehrlich? Damit sparen Sie sich teure Fitnessstunden und bewegen sich ganz natürlich an der frischen Luft. Der Kreislauf kommt mit Ihrem Gang wieder in die Gänge. Auch Ihr Geist wird frisch und munter. Gleich heute ausprobieren. Autoschlüssel weglegen, bequeme Schuhe an, und los geht's!

Tipp

Neue Perspektiven „ergehen"

Wenn Sie zu Fuß gehen, dann nehmen Sie Ihre Umwelt anders wahr. Sie nehmen mehr wahr, als wenn Sie mit dem Auto achtlos daran vorbeirasen. Sie kommen auch an Plätze, die Sie sonst nie entdecken würden, nicht einmal, wenn Sie mit dem Fahrrad unterwegs sind. Das Gehen erweitert Ihre Wahrnehmung. Scheinbar Vertrautes erscheint nochmals in einem anderen Licht. Schon deshalb, weil Sie langsam darauf zugehen und Ihre Sinne Zeit haben, das Erlebte auch voll zu erfassen und ganz zu erleben. Achten Sie einmal darauf!

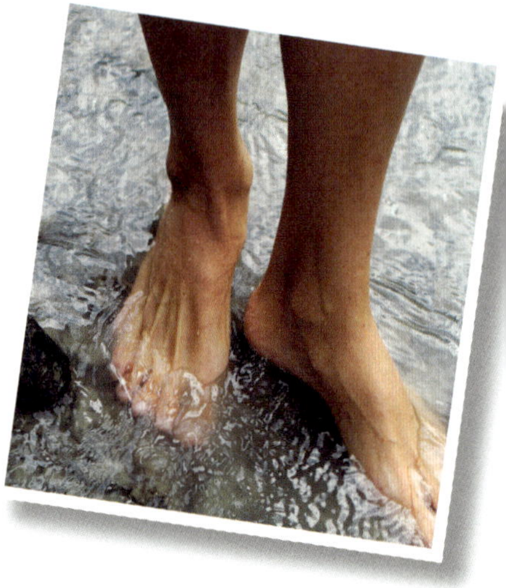

Das ökologisch-soziale Gehen

Das Gehen ist auch aktiver Umweltschutz. Verkleinern Sie Ihren ökologischen Fußabdruck, indem Sie Ihre eigenen Füße öfters auf die Erde drücken und weniger oft auf das Gaspedal. Das Gehen schärft zudem Ihren Sinn für die Schönheit und Zerbrechlichkeit unserer Natur, und dadurch wird Ihr ökologisches Sensorium feiner justiert. Wenn man zu Fuß unterwegs ist, dann ist man entschleunigt unterwegs. So hat man auch Zeit und Gelegenheit, seinen Mitmenschen auf Augenhöhe zu begegnen. Was mit dem Auto nicht so leicht ist. Außerdem sitzt man isoliert vom Außen in seinem fahrbaren Wohnzimmer. Beim Gehen hat man Zeit für ein „Hallo", ein kleines Schwätzchen und ein freundliches Lächeln. Das stärkt unsere soziale Kompetenz und erhöht unser Glücksempfinden. Somit fördert das Gehen in doppelter Hinsicht ein gutes Klima. Das unseres Planeten und das soziale. Wann immer Sie die Möglichkeit zum Gehen haben, dann tun Sie es. Möglicherweise müssen Sie dazu vorher Ihren „inneren Schweinehund" und seine Rudelführerin, die Bequemlichkeit, davonjagen.

Entdeckendes Gehen in der Natur

Wenn Sie das nächste Mal einen Spaziergang in freier Natur unternehmen, dann machen Sie daraus eine Entdeckungsreise. Es ist dies eine interessante und unterhaltsame Art, das Zugehen auf neue Perspektiven praktisch umzusetzen. Egal, welche Naturkulisse Sie wählen. Eine saftig-grüne Wiese, ein Bach- oder Flussufer, hinein in den Wald oder hinauf auf einen Berg. Überall gibt es Neues zu entdecken, an dem man sonst achtlos vorüberhastet. Gehen Sie langsam und mit offenen Sinnen.

Nehmen Sie die Gerüche wahr, die in Ihre Nase steigen. Lauschen Sie auf die vielfältigen Geräusche. Auf den Gesang der Vögel, auf das Plätschern eines Bachs oder das Rauschen der Bäume, wenn sie der Wind sanft streichelt. Schauen Sie, welche Bäume, Sträucher, Blumen Ihnen auf Ihrem Weg begegnen. Welche Tierlaute Sie vernehmen. Vielleicht sehen Sie diese Tiere auch. Seit einiger Zeit vertiefe ich meine Entdeckungsgänge in der Natur, indem ich mir einen Naturführer in Buchform mitnehme. Es gibt hervorragende kompakte Ausgaben, die leicht sind und in jeden Rucksack passen. So gehe ich dann auf Tuchfühlung mit der Natur, indem ich nachschlage, was ich da so entdecke. Ich entdecke immer wieder Neues und stelle fest, wie wenig ich bisher darüber wusste. Das ist persönliches Kennenlernen der Schöpfung. Man sieht nach, wie etwas heißt, und spricht die einzelnen Naturlebewesen mit Namen an. So bekommt man einen persönlicheren Zugang zur Natur. Das steigert die gesunde Achtung und den Respekt vor unserer Mitschöpfung. Buchen, Steinpilze, Hirschkäfer, Feuersalamander, Walderdbeeren, Ringelblumen, Disteln sind von da an nicht mehr nur Dinge, sondern werden zu beseelten Erden-Mitbewohnern.

Entdeckendes Gehen in der Stadt

Auch in der Stadt können Sie auf Entdeckungsreise gehen. Im Gehen gelangen Sie an Plätze und in abgelegene Gässchen, die Sie mit dem Auto niemals erreichen. So nehmen Sie die wunderbaren architektonischen Schätze einer Altstadt wahr, kommen an der einen oder anderen Gedenktafel vorbei, die an einem Haus hängt, und erfahren so, dass darin einmal ein berühmter Mensch einen Teil seiner Lebenszeit verbrachte. Gourmets entdecken neue Genuss-Oasen, Schleckermäuler das eine oder andere versteckte Kaffeehaus mit verführerischen Mehlspeisen. Sie gelangen mittels Gehen in die stillen Ecken einer Stadt und erleben sie so ganz anders. Ganz ohne Verkehrslärm und Hektik. So sieht man eine Stadt aus einem ganz neuen Blickwinkel. Eine ganz neue Erfahrung – beziehungsweise „Ergehung".

Seelen Kraftwerk

In-sich-Gehen: Geh-Meditation zu Hause

Das Gehen eignet sich hervorragend als Meditation in Ihren vier Wänden oder im eigenen Garten. Wem das ML nicht liegt oder wer für die Sitzmeditation zu wenig „Sitzfleisch" – sprich: Geduld – mitbringt, dem sei das Gehen als Meditation ans Herz gelegt. Es ist eine ausgezeichnete Achtsamkeitsübung. Wo immer Sie gehen können, da können Sie üben. Führen Sie die Übung ganz langsam und konzentriert aus. So wie das beim chinesischen „Schattenboxen" Tai Chi Chuan der Fall ist. Wir machen stattdessen „Schattengehen".

Stellen Sie sich aufrecht hin. Ihre Arme hängen natürlich und locker an Ihren Seiten herunter. Atmen Sie durch die Nase langsam ein und aus. Eine tiefe Zwerchfellatmung.

Spüren Sie Ihre Füße, atmen Sie mithilfe Ihrer Vorstellungskraft quasi zu Ihren Füßen hinunter. Lenken Sie Ihre Vorstellungskraft zu Ihren Füßen und stellen Sie sich vor, wie Sie über Ihre Füße ein- und ausatmen. Sie sind nun geerdet.

Ihre Schultern sind entspannt, und Ihr Kopf-Nackenbereich ist locker, ganz so, als hinge er an einem feinen Faden, der am Himmel befestigt ist. Berühren Sie den Gaumen leicht mit Ihrer Zungenspitze. Das steigert die Achtsamkeit.

Nun gehen Sie los. Ganz langsam. Ganz absichtslos. Heben Sie den rechten Fuß und lassen Sie ihn langsam nach vorne gleiten. Setzen Sie mit der Ferse zuerst auf und rollen Sie Ihren Fuß ab, bis er vollen Bodenkontakt hat. Spüren Sie bewusst diesen Kontakt mit der Erde.

Jetzt verlagern Sie das Gewicht auf Ihr rechtes Bein und machen Sie einen Schritt mit dem linken nach vorne. Wieder mit der Ferse aufsetzen und abrollen. Verlagern Sie das Gewicht nun auf das linke Bein und machen Sie einen Schritt mit dem rechten Fuß nach vorne. Und so weiter.

Entspannen Sie beim Gehen Ihre Knie und geben Sie ein wenig nach, sodass die Knie nicht durchgestreckt sind. So haben Sie einen besseren Stand. Fühlen Sie den Untergrund, auf dem Sie gehen. Ihre Füße geben Ihnen Sicherheit und Halt.

Ihr Blick ist geradeaus gerichtet, ohne einen speziellen Punkt zu fokussieren. Sie konzentrieren sich auf Ihre Füße und auf Ihre Schritte.

Machen Sie die Geh-Meditation gute fünf Minuten lang. Am Morgen nach dem Aufstehen oder auch tagsüber, wann immer Sie Zeit haben, und wenn Ihnen der Stress wieder mal den Boden unter den Füßen nimmt.

Die Geh-Meditation können Sie auch barfuß machen. Wechseln Sie auch regelmäßig den Untergrund, auf dem Ihre Füße üben dürfen. Die Geh-Meditation beruhigt und fördert Ihre Achtsamkeit. Sie gehen in sich und finden zu sich. Schritt für Schritt.

Wie geht's?

Wie oft haben Sie diese Frage schon gehört? Jemandem gestellt? Und wie oft stand bewusstes Interesse dahinter? In der Regel antwortet man sowieso nicht ehrlich. Ich meine, wenn es einem schlecht geht. Und die meisten hören auch nicht wirklich hin, was der andere auf ihre Frage antwortet. Sie ist ein alltägliches Ritual innerhalb unserer Gesprächskultur. Letztens machte ich einen Test, als sich jemand nach meinem Befinden erkundigte. Deshalb sagt ein interessierter Blick mehr als tausend oberflächliche Fragen und Antworten. Nämlich ein Blick, der *schaut,* wie es dem anderen geht – im wahrsten Sinn des Wortes. Und wie es uns selbst geht. Jeder Schritt, den wir machen, verrät uns das ganz unmittelbar. Das Gehen ist ein Seismograph unserer seelischen Verfassung. Wenn man glücklich ist, dann hat man das Gefühl, auf Wolken zu gehen. Jeder Schritt geht leicht vom Fuß und ist eine „runde" Sache. Wenn man glücklich ist, dann gibt es keine seelischen und körperlichen Blockaden, die einen aus dem Schritt bringen. Rufen Sie sich solche Augenblicke in Ihr Gedächtnis. Welche waren das? Wie ist es Ihnen dabei gegangen? Wie sind Sie durch den Tag gegangen? Glücksmomente bescheren uns festen Boden und sichere Schritte. Dann wirft uns so leicht nichts mehr aus der Bahn. Denken Sie beispielsweise an Ihre Augenblicke der Verliebtheit. Aber es gibt in jedem Leben auch Phasen, wo es einem nicht gut geht. Wenn man mit Angst durch das Leben geht, mit Existenzängsten und Zukunftsängsten, die einem wie eine tonnenschwere Last auf den Schultern liegen und einen niederdrücken. Dann wird jeder Schritt schwer, stampfend, anstrengend, und man ist schnell erschöpft und müde. Oft des Lebens müde. Wenn Sie mit panischer Angst zu einer Prüfung oder zu einem Meeting müssen, dann ist es so, als ob sich Ihre Füße bei jedem Schritt, denn Sie tun, in unsichtbaren Schlingen verfangen und Sie kaum vorankommen. Außerdem fühlt man kaum Kontakt zum Boden. Die Angst verhindert eine Erdung, und man fühlt sich nicht heimisch auf dem Boden, wo man gerade geht. Un-HEIM-lich also. Oder man traut sich vor Angst kaum aus dem Haus und ist „gelähmt" vor Angst. Wieder andere hetzen schnellen Schritts durch den Alltag, wie Gejagte, ohne Rast und Ruh.

Tun

Beobachten Sie Ihre Schritte

Jedes Mal, wenn Sie irgendwo hingehen, können Sie das mit einer kurzen meditativ-seelischen Innenschau verbinden und sich fragen: „Wie bin ich heute drauf auf dem Boden meines Lebens? Wie geht's heute?" Dadurch kommt Ihre Empathie in Gang, und Sie sehen auch, wie es Ihren Mitmenschen geht.

Wie steht's?

Wie das Gehen ist auch das Stehen ein sehr gutes Messinstrument für unser seelisches Stehvermögen. Unsere Art des Stehens gibt uns Aufschluss darüber, wie wir zum Leben und im Leben stehen. Auch wie wir zu uns selbst stehen und zu unseren Mitmenschen. Wir können unsere Steh-Sensoren überall und jederzeit ohne großen Zeitaufwand und ohne großes Aufsehen aktivieren und so viel über uns selbst und andere lernen. So dürfen Sie feststellen, ob Sie sich zum Beispiel an Ihrem Arbeitsplatz wohlfühlen. Oder in der Gesellschaft bestimmter Menschen. Oder ob Sie zu dieser oder jener Entscheidung, die Sie gerade treffen, auch wirklich stehen. Zu diesen oder jenen Menschen. Reflektieren Sie zu diesem Zweck in der jeweiligen Situation Ihren „Stehmodus". Fühlen Sie sich dabei locker und entspannt, und fällt es Ihnen leicht, dazu zu stehen, oder stemmen sich Ihre Beine dagegen, während Ihr Mund etwas ganz anderes spricht? Ihr Körper spricht authentischer als es unsere Worte tun. Etwa mit durchgedrückten Knien, angespannten Füßen und Zehen, einem flachen Atem und zusammengebissenem Kiefer. Wird Ihre verbale Zustimmung zu etwas von solchen oder ähnlichen Phänomenen begleitet, dann sagt Ihre innere Überzeugung das Gegenteil. Wenn

Sie vor einer schwierigen Entscheidung stehen, dann können Sie Ihre Steh-Sensoren fragen. Stellen Sie sich hin und denken Sie an die zu treffende Entscheidung, führen Sie Selbstgespräche darüber und erzählen Sie sich, was ansteht. In allen Einzelheiten. Dann beobachten Sie Ihren Stand. Können Sie wirklich dazu stehen, dann werden Sie locker bleiben. Oder ist es etwas, wozu Sie nicht stehen können oder wollen? Natürlich kann es sich auch um die Angst vor einer Entscheidung handeln, die einen ins Wanken bringt, obwohl man spürt, dass man es tun möchte und auch tun muss. Dann kann man sich mit dem Stehen Mut „anstehen". Etwa Mut für den kommenden Tag. Ich mache diese Übung immer nach dem Aufstehen und vor dem Frühstück. Sie benötigen dazu fünf Minuten Ihrer Zeit.

> Meditation verleiht uns inneren Frieden, der aus der Stille des Geistes hervorgeht.
>
> *Dalai Lama*

Kleine Steh-Meditation

Seelen Kraftwerk

Stellen Sie sich hin, die Füße schulterbreit auseinander. Gehen Sie leicht in die Knie, so, als würden Sie Ihren Allerwertesten auf der Kante eines Barhockers abstützen.
Ihr Oberkörper bleibt gerade aufrecht, Ihre Schultern sind locker und entspannt. Der Blick ist geradeaus gerichtet, der Kopf „hängt" wieder an einer Schnur vom Himmelszelt.
Der Unterkiefer ist auch entspannt, und Ihre Atmung führen Sie tief in den Unterbauch hinab und atmen dann ganz natürlich wieder aus.
Spüren Sie nun, wie sich Ihre Füße im Boden verwurzeln. Lassen Sie voller Vertrauen los. Vertrauen Sie Ihren Beinen und dem Boden, dem Grund, auf dem Sie stehen.
Führen Sie nun die Arme seitlich bis in Schulterhöhe nach oben, Ihre Handfläche zeigt nach vorne. Auch das machen Sie ohne großen Kraftaufwand. Das erreichen Sie, indem Sie dabei Ihre Schultern entspannt lassen.
Nun stehen Sie da wie ein großes „T". Durch das Öffnen der Arme öffnen Sie sich auch dem Leben und dem neuen Tag. Sie stehen dazu, und Sie stehen zu sich.
Die Steh-Meditation regelmäßig praktiziert, verbessert Ihre Standfähigkeit enorm und trägt dazu bei, Ihre Selbstsicherheit, Ihr Selbstvertrauen zu stärken. Kleine Übung – große Wirkung!

Empfangen und loslassen – das Atmen

Noch eine Nuance sensibler und unmittelbarer auf unser Befinden reagiert unsere Atmung. Wenn es uns gut geht, dann atmen wir durch, tief und voller Freude. Schöne Landschaften, nette Menschen und wohltuende Augenblicke lassen uns aufatmen. Was sind Ihre Momente des Aufatmens? Verliebte sagen: „Ich brauche dich wie die Luft zum Atmen!" Dann gibt es leider Zeitgenossen und Umstände, die uns die Luft zum Atmen nehmen. Wie Angst, Sorgen, neidische und intrigante Menschen. Mit der Luft wird auch das genommen, was zum Leben gehört. Lebensqualität, Lebensfreude, Lebensmut und das, was Luft für uns bedeutet: Lebensenergie. Tanken Sie deshalb immer genug Lebensenergie an der frischen Luft. Achten Sie tagsüber immer wieder bewusst auf Ihren Atem. Versuchen Sie, mithilfe der Zwerchfellatmung tief zu atmen. Tief ein und aus, hinunter zum *Hara,* unserer Mitte und unserem Kraftzentrum. Physisch liegt es zirka fünf Zentimeter unter unserem Bauchnabel. Unser Atem erzählt uns auch sehr viel über unser Wesen, unseren Charakter. Bewusstes Atmen zeigt uns stets, wer wir im Augenblick des Atmens sind: mit Leben erfüllte Wesen, fühlende und denkende Wesen, getragen von unserem Atem.

Wie atmen Sie? Wie verläuft Ihr Ein- und Ausatmen? Leicht oder schwer?

Ich schließe hier eine kurze Betrachtung des Atmens an, die auf meiner persönlichen Erfahrung mit meinem eigenen Atmen beruht.

Einatmung	Ausatmung	Wesenszug
leicht	schwer	Nimmt viel, gibt wenig. Entweder ist der Betreffende geizig, oder er hat einfach nur Angst, seine wahren Gefühle zu offenbaren. Er hat Angst vor seiner eigenen Verwundbarkeit.
schwer	leicht	Kann schwer annehmen, gibt anderen aber viel. Solche Menschen nehmen schwer Hilfe an. Aus falschem Stolz oder aus Scham. Oder aus Angst, jemandem zur Last zu fallen. Ist altruistisch, achtet mitunter zu wenig auf das eigene Wohlbefinden. Potenzieller Kandidat für ein Burn-out.
schwer	schwer	Nimmt wenig und gibt wenig. Dem Leben gegenüber verschlossen und zurückhaltend. Hat Kontaktängste und ist ängstlich. Spontansein fällt dieser Person sehr schwer. Eher schüchtern. Neigung zur Depression.
leicht	leicht	Das Nehmen und Geben halten sich die Waage. Ausgeglichener Mensch mit Lebensfreude und Mut und Spontaneität. Entscheidungsfreudig und optimistisch.

Die Seele trägt die Farbe
deiner Gedanken.
Mark Aurel

10 Tropfen Balsam für die Seele

3

Auf den folgenden Seiten gibt es ein bisschen was zu tun. Verwöhnen Sie Ihre Seele jeden Tag mit einem anderen Balsam. Üben Sie sich ein wenig in Demut, Mut, Verrücktheiten, geben Sie sich Tagträumen hin und der Daseinsfreude ... – und schreiben Sie jeden Abend auf, was Sie bewegt hat.

1.

Power-für-die-Seele-Tag

Das Motto heute: Demut

Heute stehe ich geerdet dem Leben gegenüber. Und meinen Mitmenschen. Ich nehme sie bewusst wahr und lasse sie gelten. Ihre Meinungen, Ansichten und Lebensentwürfe. Ohne zu urteilen. Ohne zu verurteilen. Heute bin ich einmal nicht das Zentrum des Universums. Heute dreht sich die Welt auch mal ohne mich.

2. Power-für-die-Seele-Tag

Das Motto heute: Zartheit

Heute bin ich zärtlich. Sage dem anderen etwas Nettes und Aufbauendes. Tu' jemandem etwas Gutes. Gehe niemandem auf die Nerven. Bin zart zu mir. Betreibe nicht Raubbau an meiner Lebensenergie. Fahre meine Ellbogen ein und schaue nicht nur auf meinen Vorteil. Bin zart zur Umwelt. Lasse das Auto stehen und mach' einen Spaziergang. Begegne dabei Menschen, einem alten Baum und wieder mal mir selbst. Ganz zart.

3\.

Power-für-die-Seele-Tag

Das Motto heute: Mut

Heute übe ich mich in Sachen Mut. Nehme Dinge in Angriff, die ich bis jetzt immer auf die lange Bank geschoben habe. Aus Mangel an Mut. Trage keine Masken und verstelle mich nicht. Verbiege mich nicht, sondern stehe gerade da und zu mir selbst. Heute zeige ich Mut zu meinem So-Sein.

4.

Power-für-die-Seele-Tag

Das Motto heute: Tagträumen

Heute nehme ich mir Tagträumer-Zeit.
Für mein Mensch-Sein. Tagträume führen mich
in den innersten Raum meines Herzens.
Meine Tagträume eröffnen mir neue Ideen und
neue Wege, die ich noch gehen könnte.

5.

Power-für-die-Seele-Tag

Schmusen mit der Daseinsfreude

Heute schmuse ich den ganzen Tag. Mit meiner Daseinsfreude. Empfinde ich überhaupt Freude an meinem Dasein? Oder mache ich sie abhängig vom „Wenn, dann"? Wenn dies und jenes passt oder erreicht scheint, dann werde ich mich freuen. Heute vergesse ich das „Wenn, dann". Es gibt mich, und ich darf leben und da sein. Grund genug zur Freude. Grund genug, mit ihr zu schmusen.

6.

Power-für-die-Seele-Tag

Das Motto heute: Verrücktheiten

Heute bin ich verrückt. Heute ver-rücke ich mal die eine oder andere alte Denk- und Lebensgewohnheit. Wie die Tatsache, dass nur der Mensch zählt. Das tut er nicht. Nicht allein. Auch der Rest der Welt zählt. Heute spreche ich leise ein Tischgebet, bevor ich esse. Ich bedanke mich bei dem Tier, bei der Seele des Tieres, das ich essen darf, um zu leben. Verrückt? Verrückt genug, um es zu probieren!

7.

Power-für-die-Seele-Tag

Das Motto heute: Annehmen

Heute nehme ich alle Menschen an, wie sie kommen. Viel Ärger kommt davon, dass andere nicht so sind, wie ich sie gerne hätte. Heute mache ich Schluss damit. Heute nehme ich sie an, wie sie nun mal sind. Egal, ob es mir in den Kram passt. Ich hoffe, andere machen es mit mir auch so.

8.

Power-für-die-Seele-Tag

Das Motto heute: Achtsamkeit

Heute versuche ich, im Hier und Jetzt zu bleiben. Es existiert nur der Augenblick. Vergangenheit ist passé. Zukunft noch Zukunftsmusik. Alles, was bleibt und zählt, ist das Jetzt. Der Augenblick. Er ist es, in dem ich mein Leben lebe. Er ist mir gewiss. Die Zukunft nicht. Ich weiß nicht, ob ich sie noch erleben werde. Deshalb koste ich meine Augenblicke heut voller Dankbarkeit aus.

Power-für-die-Seele-Tag

Das Motto heute: Verschenken

Heute verschenke ich mich. Ich verschenke meine Zeit an das Mitgefühl und an die Nächsten-Zuwendung. Ich sehe hin, ob jemand meine Hilfe, mein zuhörendes Ohr oder mein mitfühlendes Herz benötigen könnte. Denn die meisten Nöte sind still und nur mit dem Herzen zu hören. Heute verschenke ich mich an den Flow des Verschenkens.

10.

Power-für-die-Seele-Tag

Das Motto heute: Überschlafen

Heute lasse ich mich zu keiner unüberlegten Entscheidung und Reaktion hinreißen – aus Angst, aus Zorn. Ich atme tief durch. Verschiebe meine Reaktion und Entscheidung. Schlafe eine Nacht darüber. Im Schlaf klärt sich vieles fast von selbst. Die alten Mönche sagten, man sollte seine Entscheidungen durch „Sieben Siebe sieben". Dann trennt sich das Wesentliche vom Unwesentlichen. Der Nebel der Verwirrung löst sich, und man sieht das, was gut ist. Was guttut.

Achte auf deine Gedanken,
denn sie werden deine Worte.
Achte auf deine Worte,
denn sie werden Taten.
Achte auf deine Taten,
denn sie werden deine Gewohnheiten.
Achte auf deine Gewohnheiten,
denn sie werden dein Charakter.
Achte auf deinen Charakter,
denn er wird dein Schicksal.

Aus dem Talmud

Bücher, die weiterhelfen

Mehr von Marion Grillparzer

Die All-you-can-eat-Diät,
GU Verlag 2014
Simple Detox. Das 7 Tage Entgiftungsprogramm,
GU Verlag 2014
Die neue GLYX-Diät. Abnehmen mit Glücks-Gefühl, GU Verlag 2009
GLYX-Kompass. Mit über 800 Lebensmitteln, GU Verlag 2009
Fit & schlank mit dem Mini-Trampolin, Südwest Verlag 2013
myBook – I feel good,
Südwest Verlag 2013
myBook – Drei echte Kilo weg,
Südwest Verlag 2013
myBook – Vegan doch mal,
Südwest Verlag 2014

Mehr zum Thema „Laufen"

Bartosch, Holle: **myBook – Lauf los,**
Südwest Verlag 2014
Bartosch, Holle: **myBook – Was mich bewegt,** Südwest Verlag 2013
Bauer, Michael: **Und die Seele läuft mit,** Heyne Verlag 2007
McDougall, Christopher: **Born to Run,**
Karl Blessing Verlag 2010
Strunz, Ulrich: **Laufend gesund,**
Heyne Verlag 2012

Mehr zum Thema „Gelassenheit und Lebenskunst"

Düringer, Roland / Arvay, Clemens G.:
Leb wohl, Schlaraffenland,
Verlag edition a 2013
Graf Dürckheim, Karlfried: **Hara,**
O.W. Barth Verlag 2012
Herrigel, Eugen: **Zen in der Kunst des Bogenschießens,** O.W. Barth Verlag 2010
Ricard, Matthieu: **Glück,** Knaur Verlag 2009
Thoreau, Henry David: **Walden oder Leben in den Wäldern,** Diogenes Verlag 2007

INFOS ONLINE
GLYX-Tipps

Der kostenlose GLYX-Letter:
www.mariongrillparzer.de
Blog der Herausgeberin, in dem sie schreibt, was ihr zum Thema „Gesundheit" durch den Kopf geht: **www.xunt.de**
News, aktuelle GLYX-Termine (Seminare, Ausbildung) und das Forum für Fragen und Erfahrungsaustausch:
www.die-glyx-diaet.de

Frisch, fröhlich, individuell: myBooks – die neuen Ratgeber bei Südwest

978-3-517-09277-5

978-3-517-08883-9

978-3-517-08962-1

978-3-517-08840-2

978-3-517-08830-3

978-3-517-08841-9

978-3-517-08879-2

978-3-517-09266-9

978-3-517-08980-5

978-3-517-09274-4

Zu bestellen.

Fidolino bringt alles zu Ihnen nach Hause!

Fatburner-Trampolin: Der fröhlichste Hometrainer der Welt wurde von einer renommierten deutschen Firma extra für Marion Grillparzer entwickelt, natürlich TÜV und GS geprüft. Das langlebige Fatburner-Trampolin gibt es in 4 Gewichtsklassen: von 30 bis 180 Kilogramm Körpergewicht (ab 189 Euro).

Galileo: Formen Sie Ihre Wunschfigur mit der Kraft der Vibration. So trainieren Astronauten im All – Profis und Faule auf der Erde: mit dem Minuten-Muskel-High-Tech-Gerät Galileo. 3-Mal 10 Minuten die Woche reichen. Klinisch geprüft!

Eiweißpulver: Für Marion Grillparzer entwickeltes Eiweißpulver (fast) ohne Kohlenhydrate mit hoher biologischer Wertigkeit und niedrigem GLYX. Hilft, den täglichen Eiweißbedarf zu decken. Kommt ohne Farb-, Süß- und synthetische Aromastoffe aus (39 Euro).

Power-Mixer: Der Alleskönner ist in der Vegan-Küche unverzichtbar! Er zaubert im Nu Nussmus, Pesto, cremige Smoothies, leckere Säfte, Eis, kalte Suppen und Drinks aus gefrorenen Zutaten. Er spaltet die Zellwände von Obst und Gemüse auf, macht so die Nährstoffe für den Körper verfügbar (ab 449 Euro).

Talisman: Für mehr Energie, mehr Selbstbewusstsein, mehr Glück! Handgefertigt in limitierter Auflage (79 Euro).

All-you-can-eat Schokolade: Kleine Schokomanufaktur für Zuhause. Die vegane „Seber-mach-raw-Schokolade“ hat einen niedrigen GLYX und macht schnell satt. Es süßt Agavensirup statt Zucker. Und der Kakaoanteil liegt über 75 Prozent. Das Starterset enthält Formen, Schüsseln, Stövchen und alle Zutaten, um Raw-Schoki selbst zu kreieren (für 79 Euro). Wer nur die Zutaten braucht, bestellt das Nachfüllset (36 Euro).

Impressum

1. Auflage 2014

HINWEIS: Die Ratschläge/Informationen in diesem Buch sind von Autor und Verlag sorgfältig erwogen und geprüft, dennoch kann eine Garantie nicht übernommen werden. Eine Haftung des Autors bzw. des Verlags und seiner Beauftragten für Personen-, Sach- und Vermögensschäden ist ausgeschlossen.
Der Verlag weist ausdrücklich darauf hin, dass bei Links im Buch zum Zeitpunkt der Linksetzung keine illegalen Inhalte auf den verlinkten Seiten erkennbar waren. Auf die aktuelle und zukünftige Gestaltung, die Inhalte oder die Urheberschaft der verlinkten Seiten hat der Verlag keinerlei Einfluss. Deshalb distanziert sich der Verlag hiermit ausdrücklich von allen Inhalten der verlinkten Seiten, die nach der Linksetzung verändert wurden, und übernimmt für diese keine Haftung.

KONZEPT MYBOOKS: Diese Buchreihe wurde konzipiert von Südwest Verlag und Marion Grillparzer

PROJEKTLEITUNG: Dr. Harald Kämmerer, Sarah Gast

UMSCHLAGGESTALTUNG UND GRUNDLAYOUT:
*zeichenpool, München

COVERGESTALTUNG: *zeichenpool, München, unter Verwendung von Motiven von © shutterstock/PinkPueblo (Schwalbe), shutterstock/VoodooDot (Zapfsäule)

GESAMTPRODUCING, EINZELSEITENGESTALTUNG UND BILDREDAKTION: Astrid Reinbacher, **E** DESIGN

BILDNACHWEIS: DOLLARPHOTO CLUB: 88 (Creativemarc), 33 (Fyle), 48 (Syda Productions), 57 (A. Brown), 60 (F. P. Rudolf), 72 (Friedberg), 77 (LoSa), 80 (K. Lantzsch), 88 (Creativemarc), 91 (A. Bayda), 92-93 (designmino), 96-97 (J. Behr), 99, 137 (P. Atkins), 106 (thomasklee), 111 (Friedberg), 112 (maticsandra), 114 (by-studio), 115 (C. Paulussen), 126-127 (K. Yuganov), 128-129 (evgenyatamanenko), 130 (Phase4Photography), 133 (ehrenberg-bilder), 135 (D. Mikhail), 145 (A. Wilhelm), 146-147 (yvonne), 148 (olly), 150 (f/2.8 by ARC), 51 (ilfotokunst), 156 (photophonie), 58 (luna), 162-163 (bildschoenes), 174 (yanlev), 176 (D. Naumov), 182 (kentauros), 183 (eternity-images). FOTOLIA: 14 (phokrates), 22 (B. Pheby), 40 (Porechenskaya), 64 (C. Vahldiek), 117 (A. Kaiser) 143, 151 (digitalfineart). SHUTTERSTOCK: 16, 47 (A. Markin), 6, 24-27 (W. Pawel), 44 (D. Morgan), 154 (2jenn). MICHAEL BAUER: 4. MARION GRILLPARZER: 27, 28, 30, 52, 54, 66, 68, 78, 94, 100, 102, 103, 105, 116, 119, 139. ASTRID REINBACHER: 13, 25, 26, 34, 36, 54, 62, 73, 74, 84, 108, 109, 116, 121, 123, 124, 125, 138, 151, 160, 161, 164-172, 178, 180, 184, 185. CHRISTIAN WEISS: 137. SÜDWEST VERLAG: 31 (Maike Jessen).

ILLUSTRATIONEN: Astrid Reinbacher, **E** DESIGN, Shutterstock, Fotolia und Dollarphoto Club

REDAKTION: Claudia Fritzsche, München

LITHOGRAFIE: JournalMedia GmbH, München

DRUCK UND BINDUNG:
G. Canale & C. S.A.,
Printed in the EU
ISBN: 978-3-517-08961-4

FSC
www.fsc.org
MIX
Papier aus verantwortungsvollen Quellen
FSC® C015529